우리말 금강경

우리출판사

우리말 금강경

사경의 목적

사경은 경전의 뜻을 보다 깊이 이해하려는 목적도 있지만, 부처님의 말씀을 옮겨 쓰는 경건한 수행을 통해 자기의 신심信心과 원력을 부처님의 말씀과 일체화시켜서 신앙의 힘을 키워나가는데 더 큰 목적이 있다.

조용히 호흡을 가다듬고 부처님의 말씀을 마음으로 되새기며, 정신을 집중하여 사경에 임하다 보면 자신도 모르는 사이에 사경 삼매에 들게 된다. 또한 심신心身이 청정해져 부처님의 마음과 통하게 되니, 부처님의 지혜의 빛과 자비광명이 우리의 마음속 깊이 스며들어 온다.

그러면 몸과 마음이 안락과 행복을 느끼면서 내 주변의 모든 존재에 대한 자비심이 일어나니, 사경의 공덕은 이렇듯 그 자리에서 이익을 가져온다.

사경하는 마음

경전에 표기된 글자는 단순한 문자가 아니라 부처님께서 깨달은 진리라는 상징성을 갖고 있다. 경전의 글자 하나하나가 중생구제를 서원하신 부처님의 마음이며, 중생을 진리의 길로 인도하는 지침인 것이다.

예로부터 사경을 하며 1자3배의 정성을 기울인 것도 경전의 한 글자 한 글자에 부처님이 함께하신다고 생각했기 때문이다. 사경이 수행인 동시에 기도의 일환으로 불자들에게 널리 행해지는 까닭이 여기에 있다.

사경은 부처님의 가르침과 함께하는 시간이며 부처님과 함께하는 시간이다. 부처님의 말씀을 가슴으로 받아들이고 마음으로 찬탄하며 진실로 기쁘게 환희로워야 하는 시간인 것이다.

따라서 사경은 가장 청정한 마음으로 임해야 한다.

사경의 공덕

❀ 마음이 안정되고 평화로워져 미소가 떠나질 않는다.

❀ 부처님을 믿는 마음이 더욱 굳건해진다.

❀ 번뇌 망상, 어리석은 마음이 사라지고 지혜가 증장한다.

❀ 생업이 더욱 번창한다.

❀ 좋은 인연을 만나고 착한 선과가 날로 더해진다.

❀ 업장이 소멸되며 소원한 바가 반드시 이루어진다.

❀ 불보살님과 천지신명이 보호해 주신다.

❀ 각종 질환이나 재난, 구설수 등 현실의 고苦를 소멸시킨다.

❀ 선망조상이 왕생극락하고 원결 맺은 다겁생의 영가들이
  이고득락離苦得樂한다.

❀ 가정이 화목하고 자손들의 앞길이 밝게 열린다.

사경하는 절차

1. 몸을 깨끗이 하고 옷차림을 단정히 한다.

2. 사경할 준비를 갖춘다.(사경상, 좌복, 필기도구 등)

3. 삼배 후, 의식문이 있으면 의식문을 염송한다.

4. 좌복 위에 단정히 앉아 마음을 고요히 한다.
   (잠시 입정하면 더욱 좋다.)

5. 붓이나 펜으로 한 자 한 자 정성스럽게 사경을 시작한다.

6. 사경이 끝나면 사경 발원문을 염송한다.

7. 삼배로 의식을 마친다.

◆ 기도를 더 하고 싶을 때에는 사경이 끝난 뒤, 경전 독송이나
  108배 참회기도, 또는 그날 사경한 내용을 참구하는 명상 시간을
  갖는 것도 좋다.

◆ 사경에 사용하는 붓이나 펜은 사경 이외의 다른 용도에 사용하지
  않도록 한다.

◆ 완성된 사경은 집안에서 가장 정갈한 곳(혹은 높은 곳)에 보관하거나,
  경건하게 소각시킨다.

발 원 문

년   월   일

우리말 금강경

개경게 (開經偈, 경전을 펴는 게송)

위없이　　심히깊은　　미묘한법을

백천만겁　　지난들　　어찌만나리

제가이제　　보고듣고　　받아지니니

부처님의　　진실한뜻　　알아지이다.

개법장진언 (開法藏眞言, 법장을 여는 진언)

『옴 아라남 아라다』(3편)

1. 법회의 인연

이와 같이 나는 들었습니다.

어느 때 부처님께서 거룩한 비구 천이백오

십 명과 함께 사위국 기수급고독원에 계셨습니다. 그때 세존께서는 공양 때가 되어 가사를 입고 발우를 들고 걸식하고자 사위대성에 들어가셨습니다. 성 안에서 차례로 걸식하신 후 본래의 처소로 돌아와 공양을 드신 뒤 가사와 발우를 거두고 발을 씻으신 다음 자리를 펴고 앉으셨습니다.

2. 수보리가 법을 물음
그때 대중 가운데 있던 수보리 장로가 자리에서 일어나 오른쪽 어깨를 드러내고 오른 무릎을 땅에 대며 합장하고 공손히 부처님께 여쭈었습니다.

"경이롭습니다, 세존이시여! 여래께서는 보살들을 잘 보호해 주시며 보살들을 잘 격려해 주십니다.

세존이시여! 가장 높고 바른 깨달음을 얻고

자 하는 선남자 선여인이 어떻게 살아야 하
며 어떻게 그 마음을 다스려야 합니까?"
부처님께서 말씀하셨습니다.
"훌륭하고 훌륭하다. 수보리여! 그대의 말
과 같이 여래는 보살들을 잘 보호해 주며 보
살들을 잘 격려해 준다. 그대는 자세히 들어
라. 그대에게 설하리라. 가장 높고 바른 깨
달음을 얻고자 하는 선남자 선여인은 이와
같이 살아야 하며 이와 같이 그 마음을 다스
려야 한다."
"예, 세존이시여!"라고 하며 수보리는 즐거
이 듣고자 하였습니다.

3. 대승의 근본 뜻
부처님께서 수보리에게 말씀하셨습니다.
"모든 보살마하살은 다음과 같이 그 마음을
다스려야 한다. '알에서 태어난 것이나, 태

에서 태어난 것이나, 습기에서 태어난 것이나, 변화하여 태어난 것이나, 형상이 있는 것이나, 형상이 없는 것이나, 생각이 있는 것이나, 생각이 없는 것이나, 생각이 있는 것도 아니고 없는 것도 아닌 온갖 중생들을 내가 모두 완전한 열반에 들게 하리라. 이와 같이 헤아릴 수 없이 많은 중생을 열반에 들게 하였으나, 실제로는 완전한 열반을 얻은 중생이 아무도 없다.'

왜냐하면 수보리여! 보살에게 자아가 있다는 관념, 개아가 있다는 관념, 중생이 있다는 관념, 영혼이 있다는 관념이 있다면 보살이 아니기 때문이다."

4. 집착 없는 보시

"또한 수보리여! 보살은 어떤 대상에도 집착 없이 보시해야 한다. 말하자면 형색에 집착

없이 보시해야 하며 소리, 냄새, 맛, 감촉, 마음의 대상에도 집착 없이 보시해야 한다.

수보리여! 보살은 이와 같이 보시하되 어떤 대상에 대한 관념에도 집착하지 않아야 한다. 왜냐하면 보살이 대상에 대한 관념에 집착 없이 보시한다면 그 복덕은 헤아릴 수 없기 때문이다.

수보리여! 그대 생각은 어떠한가? 동쪽 허공을 헤아릴 수 있겠는가?"

"없습니다, 세존이시여!"

"수보리여! 남서북방, 사이사이, 아래 위 허공을 헤아릴 수 있겠는가?"

"없습니다, 세존이시여!"

"수보리여! 보살이 대상에 대한 관념에 집착하지 않고 보시하는 복덕도 이와 같이 헤아릴 수 없다. 수보리여! 보살은 반드시 가르친 대로 살아야 한다."

5. 여래의 참 모습

"수보리여! 그대 생각은 어떠한가? 신체적 특징을 가지고 여래라고 볼 수 있는가?"

"없습니다, 세존이시여! 신체적 특징을 가지고 여래라고 볼 수는 없습니다. 왜냐하면 여래께서 말씀하신 신체적 특징은 바로 신체적 특징이 아니기 때문입니다."

부처님께서 수보리에게 말씀하셨습니다.

"신체적 특징들은 모두 헛된 것이니 신체적 특징이 신체적 특징 아님을 본다면 바로 여래를 보리라."

6. 깊은 믿음

수보리가 부처님께 여쭈었습니다.

"세존이시여! 이와 같은 말씀을 듣고 진실한 믿음을 내는 중생들이 있겠습니까?"

부처님께서 수보리에게 말씀하셨습니다.

"그런 말 하지 말라. 여래가 열반에 든 오백 년 뒤에도 계를 지니고 복덕을 닦는 이는 이러한 말에 신심을 낼 수 있고 이것을 진실한 말로 여길 것이다. 이 사람은 한 부처님이나 두 부처님, 서너 다섯 부처님께 선근을 심었을 뿐만 아니라 이미 한량없는 부처님 처소에서 여러 가지 선근을 심었으므로 이 말씀을 듣고 잠깐이라도 청정한 믿음을 내는 자임을 알아야 한다.

수보리여! 여래는 이러한 중생들이 이와 같이 한량없는 복덕 얻음을 다 알고 다 본다. 왜냐하면 이러한 중생들은 다시는 자아가 있다는 관념, 개아가 있다는 관념, 중생이 있다는 관념, 영혼이 있다는 관념이 없고, 법이라는 관념이 없으며 법이 아니라는 관념도 없기 때문이다.

왜냐하면 이러한 중생들이 마음에 관념을 가

지면 자아·개아·중생·영혼에 집착하는 것
이고 법이라는 관념을 가지면 자아·개아·
중생·영혼에 집착하는 것이기 때문이다.
왜냐하면 법이 아니라는 관념을 가져도 자
아·개아·중생·영혼에 집착하는 것이기
때문이다. 그러므로 법에 집착해도 안 되고
법 아닌 것에 집착해서도 안 된다.
그러기에 여래는 늘 설했다. 너희 비구들이
여! 나의 설법은 뗏목과 같은 줄 알아라. 법
도 버려야 하거늘 하물며 법 아닌 것이랴!"

7. 깨침과 설법이 없음
"수보리여! 그대 생각은 어떠한가? 여래가
가장 높고 바른 깨달음을 얻었는가? 여래가
설한 법이 있는가?"
수보리가 대답하였습니다.
"제가 부처님께서 말씀하신 뜻을 이해하기

로는 가장 높고 바른 깨달음이라 할 만한 정해진 법이 없고, 또한 여래께서 설한 단정적인 법도 없습니다. 왜냐하면 여래께서 설한 법은 모두 얻을 수도 없고 설할 수도 없으며, 법도 아니고 법아님도 아니기 때문입니다. 그것은 모든 성현들이 다 무위법 속에서 차이가 있는 까닭입니다."

8. 부처와 깨달음의 어머니, 금강경

"수보리여! 그대 생각은 어떠한가? 어떤 사람이 삼천대천세계에 칠보를 가득 채워 보시한다면 이 사람의 복덕이 진정 많겠는가?"
수보리가 대답하였습니다.
"매우 많습니다, 세존이시여! 왜냐하면 이 복덕은 바로 복덕의 본질이 아닌 까닭에 여래께서는 복덕이 많다고 하셨기 때문입니다."
"다시 어떤 사람이 이 경의 사구게만이라도

받고 지니고 다른 사람을 위해 설해 준다고
하자. 그러면 이 복이 저 복보다 더 뛰어나
다. 왜냐하면 수보리여! 모든 부처님과 모든
부처님의 가장 높고 바른 깨달음의 법은 다
이 경에서 나왔기 때문이다. 수보리여! 부처
의 가르침이라고 말하는 것은 부처의 가르
침이 아니다."

9. 관념과 그 관념의 부정
"수보리여! 그대 생각은 어떠한가? 수다원
이 '나는 수다원과를 얻었다.'고 생각하겠
는가?"
수보리가 대답하였습니다.
"아닙니다, 세존이시여! 왜냐하면 수다원은
'성자의 흐름에 든 자'라고 불리지만 들어
간 곳이 없으니 형색, 소리, 냄새, 맛, 감촉,
마음의 대상에 들어가지 않는 것을 수다원

이라 하기 때문입니다.”

“수보리여! 그대 생각은 어떠한가? 사다함
이 ‘나는 사다함과를 얻었다.’고 생각하겠
는가?”

수보리가 대답하였습니다.

“아닙니다, 세존이시여! 왜냐하면 사다함은
‘한 번만 돌아올 자’라고 불리지만 실로 돌
아옴이 없는 것을 사다함이라 하기 때문입
니다.”

“수보리여! 그대 생각은 어떠한가? 아나함
이 ‘나는 아나함과를 얻었다.’고 생각하겠
는가?”

수보리가 대답하였습니다.

“아닙니다, 세존이시여! 왜냐하면 아나함은
‘되돌아오지 않는 자’라고 불리지만 실로
되돌아오지 않음이 없는 것을 아나함이라
하기 때문입니다.”

"수보리여! 그대 생각은 어떠한가? 아라한이 '나는 아라한의 경지를 얻었다.'고 생각하겠는가?"

수보리가 대답하였습니다.

"아닙니다, 세존이시여! 왜냐하면 실제 아라한이라 할 만한 법이 없기 때문입니다. 세존이시여! 아라한이 '나는 아라한의 경지를 얻었다.'고 생각한다면 자아·개아·중생·영혼에 집착하는 것입니다.

세존이시여! 부처님께서 저를 다름 없는 삼매를 얻은 사람 가운데 제일이고 욕망을 여읜 제일가는 아라한이라고 말씀하셨습니다. 저는 '나는 욕망을 여읜 아라한이다.'라고 생각하지 않습니다.

세존이시여! 제가 '나는 아라한의 경지를 얻었다.'고 생각한다면 세존께서는 '수보리는 적정행을 즐기는 사람이다. 수보리는 실

로 적정행을 한 것이 없으므로 수보리는 적
정행을 즐긴다고 말한다.' 라고 설하지 않으
셨을 것입니다."

10. 불국토의 장엄

부처님께서 수보리에게 말씀하셨습니다.

"그대 생각은 어떠한가? 여래가 옛적에 연등
부처님 처소에서 법을 얻은 것이 있는가?"

"없습니다, 세존이시여! 여래께서 연등부처님
처소에서 실제로 법을 얻은 것이 없습니다."

"수보리여! 그대 생각은 어떠한가? 보살이
불국토를 아름답게 꾸미는가?"

"아닙니다, 세존이시여! 왜냐하면 불국토를
아름답게 꾸민다는 것은 아름답게 꾸미는
것이 아니므로 아름답게 꾸민다고 말하기
때문입니다."

"그러므로 수보리여! 모든 보살마하살은 이

와 같이 깨끗한 마음을 내어야 한다.

형색에 집착하지 않고 마음을 내어야 하고 소리, 냄새, 맛, 감촉, 마음의 대상에도 집착하지 않고 마음을 내어야 한다. 마땅히 집착 없이 그 마음을 내어야 한다.

수보리여! 어떤 사람의 몸이 산들의 왕 수미산만큼 크다면 그대 생각은 어떠한가? 그 몸이 크다고 하겠는가?"

수보리가 대답하였습니다.

"매우 큽니다, 세존이시여! 왜냐하면 부처님께서는 몸 아님을 설하셨으므로 큰 몸이라 말씀하셨기 때문입니다."

11. 무위법의 뛰어난 복덕

"수보리여! 항하의 모래 수만큼 항하가 있다면 그대 생각은 어떠한가? 이 모든 항하의 모래 수는 진정 많다고 하겠는가?"

수보리가 대답하였습니다.

"매우 많습니다, 세존이시여! 항하들만 해도 헤아릴 수 없이 많은데 하물며 그것의 모래이겠습니까?"

"수보리여! 내가 지금 진실한 말로 그대에게 말한다. 선남자 선여인이 그 항하 모래 수만큼의 삼천대천세계에 칠보를 가득 채워 보시한다면 그 복덕이 많겠는가?"

수보리가 대답하였습니다.

"매우 많습니다, 세존이시여!"

부처님께서 수보리에게 말씀하셨습니다.

"선남자 선여인이 이 경의 사구게만이라도 받고 지니고 다른 사람을 위해 설해 준다면 이 복이 저 복보다 더 뛰어나다."

12. 올바른 가르침의 존중

"또한 수보리여! 이 경의 사구게만이라도

설해지는 곳곳마다 어디든지 모든 세상의 천신·인간·아수라가 마땅히 공양할 부처님의 탑묘임을 알아야 한다. 하물며 이 경 전체를 받고 지니고 읽고 외우는 사람이랴! 수보리여! 이 사람은 가장 높고 가장 경이로운 법을 성취할 것임을 알아야 한다. 이와 같이 경전이 있는 곳은 부처님과 존경받는 제자들이 계시는 곳이다."

13. 이 경을 수지하는 방법

그때 수보리가 부처님께 여쭈었습니다.

"세존이시여! 이 경을 무엇이라 불러야 하며 저희들이 어떻게 받들어 지녀야 합니까?"

부처님께서 수보리에게 말씀하셨습니다.

"이 경의 이름은 '금강반야바라밀'이니, 이 제목으로 너희들은 받들어 지녀야 한다. 그것은 수보리여! 여래는 반야바라밀을 반야바라밀이 아니라 설하였으므로 반야바라밀이라 말한 까닭이다. 수보리여! 그대 생각은 어떠한가? 여래가 설한 법이 있는가?"

수보리가 부처님께 말씀드렸습니다.

"세존이시여! 여래께서는 설하신 법이 없습니다."

"수보리여! 그대 생각은 어떠한가? 삼천대천세계를 이루고 있는 티끌이 많다고 하겠는가?"

수보리가 대답하였습니다.

"매우 많습니다, 세존이시여!"

"수보리여! 여래는 티끌들을 티끌이 아니라고 설하였으므로 티끌이라 말한다. 여래는 세계를 세계가 아니라고 설하였으므로 세계라고 말한다. 수보리여! 그대 생각은 어떠한가? 서른두 가지 신체적 특징을 가지고 여래라고 볼 수 있는가?"

"없습니다, 세존이시여! 서른두 가지 신체
적 특징을 가지고 여래라고 볼 수는 없습니
다. 왜냐하면 여래께서는 서른두 가지 신체
적 특징은 신체적 특징이 아니라고 설하셨
으므로 서른두 가지 신체적 특징이라고 말
씀하셨기 때문입니다."

"수보리여! 어떤 선남자 선여인이 항하의
모래 수만큼 목숨을 보시한다고 하자. 또 어
떤 사람이 이 경의 사구게만이라도 받고 지
니고 다른 사람을 위해 설해 준다고 하자.
그러면 이 복이 저 복보다 더욱 많으리라."

14. 관념을 떠난 열반
그때 수보리가 이 경 설하심을 듣고 뜻을 깊
이 이해하여 감격의 눈물을 흘리며 부처님
께 말씀드렸습니다.
"경이롭습니다, 세존이시여! 제가 지금까지

얻은 혜안으로는 부처님께서 이같이 깊이 있는 경전 설하심을 들은 적이 없습니다. 세존이시여! 만일 어떤 사람이 이 경을 듣고 믿음이 청정해지면 바로 궁극적 지혜가 일어날 것이니, 이 사람은 가장 경이로운 공덕을 성취할 것임을 알아야 합니다.

세존이시여! 이 궁극적 지혜라는 것은 궁극적 지혜가 아닌 까닭에 여래께서는 궁극적 지혜라고 말씀하셨습니다. 세존이시여! 제가 지금 이 같은 경전을 듣고서 믿고 이해하고 받고 지니기는 어렵지 않습니다. 그러나 미래 오백년 뒤에도 어떤 중생이 이 경전을 듣고 믿고 이해하고 받고 지닌다면 이 사람은 가장 경이로울 것입니다.

왜냐하면 이 사람은 자아가 있다는 관념, 개아가 있다는 관념, 중생이 있다는 관념, 영혼이 있다는 관념이 없기 때문입니다. 그것

은 자아가 있다는 관념은 관념이 아니며, 개
아가 있다는 관념, 중생이 있다는 관념, 영
혼이 있다는 관념은 관념이 아닌 까닭입니
다. 왜냐하면 모든 관념을 떠난 이를 부처님
이라 말하기 때문입니다."

부처님께서 수보리에게 말씀하셨습니다.

"그렇다, 그렇다. 만일 어떤 사람이 이 경을
듣고 놀라지도 않고 무서워하지도 않고 두
려워하지도 않는다면 이 사람은 매우 경이
로운 줄 알아야 한다. 왜냐하면 수보리여!
여래는 최고의 바라밀을 최고의 바라밀이
아니라고 설하였으므로 최고의 바라밀이라
말하기 때문이다.

수보리여! 인욕바라밀을 여래는 인욕바라밀
이 아니라고 설하였다. 왜냐하면 수보리여!
내가 옛적에 가리왕에게 온 몸을 마디마디
잘렸을 때, 나는 자아가 있다는 관념, 개아

가 있다는 관념, 중생이 있다는 관념, 영혼이 있다는 관념이 없었기 때문이다.

왜냐하면 내가 옛날 마디마디 사지가 잘렸을 때, 자아가 있다는 관념, 개아가 있다는 관념, 중생이 있다는 관념, 영혼이 있다는 관념이 있었다면 성내고 원망하는 마음이 생겼을 것이기 때문이다.

수보리여! 여래는 과거 오백 생 동안 인욕수행자였는데 그때 자아가 있다는 관념이 없었고, 개아가 있다는 관념이 없었고, 중생이 있다는 관념이 없었고, 영혼이 있다는 관념이 없었다.

그러므로 수보리여! 보살은 모든 관념을 떠나 가장 높고 바른 깨달음의 마음을 내어야 한다.

형색에 집착 없이 마음을 내어야 하며 소리, 냄새, 맛, 감촉, 마음의 대상에도 집착 없이 마음을 내어야 한다. 마땅히 집착 없이 마음을 내어야 한다. 마음에 집착이 있다면 그것은 올바른 삶이 아니다. 그러므로 보살은 형색에 집착 없는 마음으로 보시해야 한다고 여래는 설하였다.

수보리여! 보살은 모든 중생을 이롭게 하기 위해 이와 같이 보시해야 한다. 여래는 모든 중생이란 관념은 중생이란 관념이 아니라고 설하고, 또 모든 중생도 중생이 아니라고 설한다.

수보리여! 여래는 바른 말을 하는 이고, 참된 말을 하는 이며, 이치에 맞는 말을 하는 이고, 속임 없이 말하는 이며, 사실대로 말하는 이다. 수보리여! 여래가 얻은 법에는 진실도 없고 거짓도 없다.

수보리여! 보살이 대상에 집착하는 마음으로 보시하는 것은 마치 사람이 어둠 속에 들어가면 아무것도 볼 수 없는 것과 같고 보살이 대상에 집착하지 않는 마음으로 보시하는 것은 마치 눈 있는 사람에게 햇빛이 밝게 비치면 갖가지 모양을 볼 수 있는 것과 같다.

수보리여! 미래에 선남자 선여인이 이 경전을 받고 지니고 읽고 외운다면 여래는 부처의 지혜로 이 사람들이 모두 한량없는 공덕을 성취하게 될 것임을 다 알고 다 본다."

15. 경을 수지하는 공덕

"수보리여! 선남자 선여인이 아침나절에 항하의 모래 수만큼 몸을 보시하고 점심나절에 항하의 모래 수만큼 몸을 보시하며 저녁나절에 항하의 모래 수만큼 몸을 보시하여, 이와 같이 한량없는 시간동안 몸을 보시한다고 하자.

또 어떤 사람이 이 경의 말씀을 듣고 비방하

지 않고 믿는다고 하자. 그러면 이 복은 저 복보다 더 뛰어나다. 하물며 이 경전을 베껴 쓰고 받고 지니고 읽고 외우고 다른 이를 위해 설명해 줌이랴!

수보리여! 간단하게 말하면 이 경에는 생각할 수도 없고 헤아릴 수도 없는 한없는 공덕이 있다. 여래는 대승에 나아가는 이를 위해 설하며 최상승에 나아가는 이를 위해 설한다. 어떤 사람이 이 경을 받고 지니고 읽고 외워 널리 다른 사람을 위해 설해 준다면 여래는 이 사람들이 헤아릴 수 없고 말할 수 없으며 한없고 생각할 수 없는 공덕을 성취할 것임을 다 알고 다 본다. 이와 같은 사람들은 여래의 가장 높고 바른 깨달음을 감당하게 될 것이다.

왜냐하면 수보리여! 소승법을 좋아하는 자가 자아가 있다는 견해, 개아가 있다는 견해, 중생이 있다는 견해, 영혼이 있다는 견해에 집착한다면 이 경을 듣고 받고 읽고 외우며 다른 사람을 위해 설명해 주지 못하기 때문이다.

수보리여! 이 경전이 있는 곳은 어디든지 모든 세상의 천신·인간·아수라들에게 공양을 받을 것이다. 이곳은 바로 탑이 되리니 모두가 공경하고 예배하고 돌면서 그곳에 여러 가지 꽃과 향을 뿌릴 것임을 알아야 한다."

16. 업장을 맑히는 공덕

"또한 수보리여! 이 경을 받고 지니고 읽고 외우는 선남자 선여인이 남에게 천대와 멸시를 당한다면 이 사람이 전생에 지은 죄업으로는 악도에 떨어져야 마땅하겠지만, 금생에 다른 사람의 천대와 멸시를 받았기 때문에 전생의 죄업이 소멸되고 반드시 가장 높고 바른 깨달음을 얻게 될 것이다.

수보리여! 나는 연등부처님을 만나기 전 과거 한량없는 아승기겁 동안 팔백 사천 만억 나유타의 여러 부처님을 만나 모두 공양하고 받들어 섬기며 그냥 지나친 적이 없었음을 기억한다.

만일 어떤 사람이 정법이 쇠퇴할 때 이 경을 잘 받고 지니고 읽고 외워서 얻은 공덕에 비하면, 내가 여러 부처님께 공양한 공덕은 백에 하나에도 미치지 못하고 천에 하나 만에 하나 억에 하나에도 미치지 못하며 더 나아가서 어떤 셈이나 비유로도 미치지 못한다.

수보리여! 선남자 선여인이 정법이 쇠퇴할 때 이 경을 받고 지니고 읽고 외워서 얻는 공덕을 내가 자세히 말한다면, 아마도 이 말을 듣는 이는 마음이 어지러워서 의심하고 믿지 않을 것이다. 수보리여! 이 경은 뜻이

불가사의하며 그 과보도 불가사의함을 알아
야 한다."

17. 궁극의 가르침, 무아
그때 수보리가 부처님께 여쭈었습니다.
"세존이시여! 가장 높고 바른 깨달음을 얻
고자 하는 선남자 선여인은 어떻게 살아야
하며 어떻게 그 마음을 다스려야 합니까?"
부처님께서 수보리에게 말씀하셨습니다.
"가장 높고 바른 깨달음을 얻고자 하는 선남
자 선여인은 이러한 마음을 일으켜야 한다.
'나는 일체 중생을 열반에 들게 하리라. 일
체 중생을 열반에 들게 하였지만 실제로는
아무도 열반을 얻은 중생이 없다.'
왜냐하면 수보리여! 보살에게 자아가 있다
는 관념, 개아가 있다는 관념, 중생이 있다
는 관념, 영혼이 있다는 관념이 있다면 보살

이 아니기 때문이다. 그것은 수보리여! 가장 높고 바른 깨달음에 나아가는 자리 할 법이 실제로 없는 까닭이다.

수보리여! 그대 생각은 어떠한가? 여래가 연등부처님 처소에서 얻은 가장 높고 바른 깨달음이라 할 법이 있었는가?"

"아닙니다, 세존이시여! 제가 부처님께서 말씀하신 뜻을 이해하기로는 부처님께서 연등부처님 처소에서 얻으신 가장 높고 바른 깨달음이라 할 법이 없습니다."

부처님께서 말씀하셨습니다.

"그렇다, 그렇다. 수보리여! 여래가 가장 높고 바른 깨달음을 얻은 법이 실제로 없다. 수보리여! 여래가 가장 높고 바른 깨달음을 얻은 법이 있었다면 연등부처님께서 내게 '그대는 내세에 석가모니라는 이름의 부처가 될 것이다.'라고 수기하지 않았을 것이다. 가장 높고 바른 깨달음을 얻은 법이 실제로 없었으므로 연등부처님께서 내게 '그대는 내세에는 반드시 석가모니라는 이름의 부처가 될 것이다.'라고 수기하셨던 것이다. 왜냐하면 여래는 모든 존재의 진실한 모습을 의미하기 때문이다.

어떤 사람이 여래가 가장 높고 바른 깨달음을 얻었다고 말한다면, 수보리여! 여래가 가장 높고 바른 깨달음을 얻은 법이 실제로 없다. 수보리여! 여래가 얻은 가장 높고 바른 깨달음에는 진실도 없고 거짓도 없다. 그러므로 여래는 '일체법이 모두 불법이다.'라고 설한다.

수보리여! 일체법이라 말한 것은 일체법이 아닌 까닭에 일체법이라 말한다. 수보리여! 예컨대 사람의 몸이 매우 큰 것과 같다."

수보리가 말하였습니다.

"세존이시여! 여래께서 사람의 몸이 매우 크다는 것은 큰 몸이 아니라고 설하셨으므로 큰 몸이라 말씀하셨습니다."

"수보리여! 보살도 역시 그러하다. '나는 반드시 한량없는 중생을 제도하리라.' 말한다면 보살이라 할 수 없다. 왜냐하면 수보리여! 보살이라 할 만한 법이 실제로 없기 때문이다. 그러므로 여래는 모든 법에 자아도 없고, 개아도 없고, 중생도 없고, 영혼도 없다고 설한 것이다.

수보리여! 보살이 '나는 반드시 불국토를 장엄하리라.' 말한다면 이는 보살이라 할 수 없다. 왜냐하면 여래는 불국토를 장엄한다는 것은 장엄하는 것이 아니라고 설하였으므로 장엄한다고 말하기 때문이다.

수보리여! 보살이 무아의 법에 통달한다면 여래는 이런 이를 진정한 보살이라 부른다."

18. 분별없이 관찰함

"수보리여! 그대 생각은 어떠한가? 여래에게 육안이 있는가?"

"그렇습니다, 세존이시여! 여래에게는 육안이 있습니다."

"수보리여! 그대 생각은 어떠한가? 여래에게 천안이 있는가?"

"그렇습니다, 세존이시여! 여래에게는 천안이 있습니다."

"수보리여! 그대 생각은 어떠한가? 여래에게 혜안이 있는가?"

"그렇습니다, 세존이시여! 여래에게는 혜안이 있습니다."

"수보리여! 그대 생각은 어떠한가? 여래에게 법안이 있는가?"

"그렇습니다, 세존이시여! 여래에게는 법안이 있습니다."

"수보리여! 그대 생각은 어떠한가? 여래에게 불안이 있는가?"

"그렇습니다, 세존이시여! 여래에게는 불안이 있습니다."

"수보리여! 그대 생각은 어떠한가? 여래는 항하의 모래에 대해서 설하였는가?"

"그렇습니다, 세존이시여! 여래는 이 모래에 대해 설하셨습니다."

"수보리여! 그대 생각은 어떠한가? 한 항하의 모래와 같이 이런 모래만큼의 항하가 있고 이 여러 항하의 모래 수만큼 부처님 세계가 그 만큼 있다면 진정 많다고 하겠는가?"

"매우 많습니다, 세존이시여!"

부처님께서 수보리에게 말씀하셨습니다.

"그 국토에 있는 중생의 여러 가지 마음을 여래는 다 안다. 왜냐하면 여래는 여러 가지 마음이 모두 다 마음이 아니라 설하였으므

로 마음이라 말하기 때문이다. 그것은 수보
리여! 과거의 마음도 얻을 수 없고 현재의
마음도 얻을 수 없고 미래의 마음도 얻을 수
없는 까닭이다."

19. 복덕 아닌 복덕

"수보리여! 그대 생각은 어떠한가? 어떤 사
람이 삼천대천세계에 칠보를 가득 채워 보
시한다면 이 사람이 이러한 인연으로 많은
복덕을 얻겠는가?"

"그렇습니다, 세존이시여! 그 사람이 이러한
인연으로 매우 많은 복덕을 얻을 것입니다."

"수보리여! 복덕이 실로 있는 것이라면 여
래는 많은 복덕을 얻는다고 말하지 않았을
것이다. 복덕이 없기 때문에 여래는 많은 복
덕을 얻는다고 말한 것이다."

20. 모습과 특성의 초월

"수보리여! 그대 생각은 어떠한가? 신체적 특징을 원만하게 갖추었다고 여래라고 볼 수 있겠는가?"

"아닙니다, 세존이시여! 신체적 특징을 원만하게 갖추었다고 여래라고 볼 수는 없습니다. 왜냐하면 여래께서는 원만한 신체를 갖춘다는 것은 원만한 신체를 갖춘 것이 아니라고 설하셨으므로 원만한 신체를 갖춘 것이라고 말씀하셨기 때문입니다."

"수보리여! 그대 생각은 어떠한가? 신체적 특징을 갖추었다고 여래라고 볼 수 있겠는가?"

"아닙니다, 세존이시여! 신체적 특징을 갖추었다고 여래라고 볼 수는 없습니다. 왜냐하면 여래께서는 신체적 특징을 갖춘다는 것이 신체적 특징을 갖춘 것이 아니라고 설

하셨으므로 신체적 특징을 갖춘 것이라고 말씀하셨기 때문입니다."

21. 설법 아닌 설법

"수보리여! 그대는 여래가 '나는 설한 법이 있다.'는 생각을 한다고 말하지 말라. 이런 생각을 하지 말라. 왜냐하면 '여래께서 설하신 법이 있다.'고 말한다면, 이 사람은 여래를 비방하는 것이니, 내가 설한 것을 이해하지 못했기 때문이다. 수보리여! 설법이라는 것은 설할 만한 법이 없는 것이므로 설법이라고 말한다."

그때 수보리 장로가 부처님께 여쭈었습니다.

"세존이시여! 미래에 이 법 설하심을 듣고 신심을 낼 중생이 조금이라도 있겠습니까?"

부처님께서 말씀하셨습니다.

"수보리여! 저들은 중생이 아니요 중생이 아

닌 것도 아니다. 왜냐하면 수보리여! 중생

중생이라 하는 것은 여래가 중생이 아니라고

설하였으므로 중생이라 말하기 때문이다."

22. 얻을 것이 없는 법

수보리가 부처님께 여쭈었습니다.

"세존이시여! 부처님께서 가장 높고 바른

깨달음을 얻은 것은 법이 없는 것입니까?"

부처님께서 말씀하셨습니다.

"그렇다, 그렇다. 수보리여! 내가 가장 높고

바른 깨달음에서 조그마한 법조차도 얻을

만한 것이 없었으므로 가장 높고 바른 깨달

음이라 말한다."

23. 관념을 떠난 선행

"또한 수보리여! 이 법은 평등하여 높고 낮

은 것이 없으니, 이것을 가장 높고 바른 깨

달음이라 말한다. 자아도 없고, 개아도 없고, 중생도 없고, 영혼도 없이 온갖 선법을 닦음으로써 가장 높고 바른 깨달음을 얻게 된다. 수보리여! 선법이라는 것은 선법이 아니라고 여래는 설하였으므로 선법이라 말한다."

24. 경전 수지가 최고의 복덕

"수보리여! 삼천대천세계에 있는 산들의 왕 수미산만큼의 칠보 무더기를 가지고 보시하는 사람이 있다고 하자. 또 이 반야바라밀경의 사구게만이라도 받고 지니고 읽고 외워 다른 사람을 위해 설해 주는 사람이 있다고 하자. 그러면 앞의 복덕은 뒤의 복덕에 비해 백에 하나에도 미치지 못하고 천에 하나 만에 하나 억에 하나에도 미치지 못하며 더 나아가서 어떤 셈이나 비유로도 미치지 못한다."

25. 분별없는 교화

"수보리여! 그대 생각은 어떠한가? 그대들은 여래가 '나는 중생을 제도하리라.'는 생각을 한다고 말하지 말라. 수보리여! 이런 생각을 하지 말라. 왜냐하면 여래가 제도한 중생이 실제로 없기 때문이다. 만일 여래가 제도한 중생이 있다면, 여래에게도 자아·개아·중생·영혼이 있다는 집착이 있는 것이다.

수보리여! 자아가 있다는 집착은 자아가 있다는 집착이 아니라고 여래는 설하였다. 그렇지만 범부들이 자아가 있다고 집착한다. 수보리여! 범부라는 것도 여래는 범부가 아니라고 설하였다."

26. 신체적 특징을 떠난 여래

"수보리여! 그대 생각은 어떠한가? 서른두 가

지 신체적 특징으로 여래라고 볼 수 있는가?"

수보리가 대답하였습니다.

"그렇습니다, 그렇습니다. 서른두 가지 신체

적 특징으로도 여래라고 볼 수 있습니다."

부처님께서 말씀하셨습니다.

"수보리여! 서른두 가지 신체적 특징으로도

여래라고 볼 수 있다면 전륜성왕도 여래겠

구나!"

수보리가 부처님께 말씀드렸습니다.

"세존이시여! 제가 부처님께서 말씀하신 뜻

을 이해하기로는, 서른두 가지 신체적 특징

을 가지고는 여래를 볼 수 없습니다."

그때 세존께서 게송으로 말씀하셨습니다.

형색으로 나를 보거나

음성으로 나를 찾으면

삿된 길 걸을 뿐

여래 볼 수 없으리.

27. 단절과 소멸의 초월

"수보리여! 그대가 '여래는 신체적 특징을 원만하게 갖추지 않았기 때문에 가장 높고 바른 깨달음을 얻은 것이다.'라고 생각한다면, 수보리여! '여래는 신체적 특징을 원만하게 갖추지 않았기 때문에 가장 높고 바른 깨달음을 얻은 것이다.'라고 생각하지 말라. 수보리여! 그대가 '가장 높고 바른 깨달음의 마음을 낸 자는 모든 법이 단절되고 소멸되어 버림을 주장한다.'고 생각한다면, 이런 생각을 하지 말라. 왜냐하면 가장 높고 바른 깨달음의 마음을 낸 자는 법에 대하여 단절되고 소멸된다는 관념을 말하지 않기 때문이다."

28. 탐착 없는 복덕

"수보리여! 보살이 항하의 모래 수만큼 세

계에 칠보를 가득 채워 보시한다고 하자. 또 어떤 사람이 모든 법이 무아임을 알아 인욕을 성취한다고 하자. 그러면 이 보살의 공덕은 앞의 보살이 얻은 공덕보다 더 뛰어나다. 수보리여! 모든 보살들은 복덕을 누리지 않기 때문이다."

수보리가 부처님께 여쭈었습니다.

"세존이시여! 어찌하여 보살이 복덕을 누리지 않습니까?"

"수보리여! 보살은 지은 복덕에 탐욕을 내거나 집착하지 않아야 하기 때문에 복덕을 누리지 않는다고 설한 것이다."

29. 오고 감이 없는 여래

"수보리여! 어떤 사람이 '여래는 오기도 하고 가기도 하며 앉기도 하고 눕기도 한다.'고 말한다면, 그 사람은 내가 설한 뜻을 이

해하지 못한 것이다. 왜냐하면 여래란 오는 것도 없고 가는 것도 없으므로 여래라고 말하기 때문이다."

30. 부분과 전체의 참모습

"수보리여! 선남자 선여인이 삼천대천세계를 부수어 가는 티끌을 만든다면, 그대 생각은 어떠한가? 이 티끌들이 진정 많겠는가?"

"매우 많습니다, 세존이시여! 왜냐하면 티끌들이 실제로 있는 것이라면 여래께서는 티끌들이라고 말씀하지 않으셨을 것이기 때문입니다. 그것은 여래께서 티끌들은 티끌들이 아니라고 설하셨으므로 티끌들이라고 말씀하신 까닭입니다.

세존이시여! 여래께서 말씀하신 삼천대천세계는 세계가 아니므로 세계라 말씀하십니다. 왜냐하면 세계가 실제로 있는 것이라면

한 덩어리로 뭉쳐진 것이겠지만, 여래께서 한 덩어리로 뭉쳐진 것은 한 덩어리로 뭉쳐진 것이 아니라고 설하셨으므로 한 덩어리로 뭉쳐진 것이라 말씀하셨기 때문입니다."

"수보리여! 한 덩어리로 뭉쳐진 것은 말할 수가 없는 것인데 범부들이 그것을 탐내고 집착할 따름이다."

31. 내지 않아야 할 관념

"수보리여! 어떤 사람이 여래가 '자아가 있다는 견해, 개아가 있다는 견해, 중생이 있다는 견해, 영혼이 있다는 견해를 설했다.'고 말한다면, 수보리여! 그대 생각은 어떠한가? 이 사람이 내가 설한 뜻을 알았다 하겠는가?"

"아닙니다, 세존이시여! 그 사람은 여래께서 설한 뜻을 알지 못한 것입니다. 왜냐하면 세존께서는 자아가 있다는 견해, 개아가 있

다는 견해, 중생이 있다는 견해, 영혼이 있
다는 견해가 자아가 있다는 견해, 개아가 있
다는 견해, 중생이 있다는 견해, 영혼이 있
다는 견해가 아니라고 설하셨으므로 자아가
있다는 견해, 개아가 있다는 견해, 중생이
있다는 견해, 영혼이 있다는 견해라고 말씀
하셨기 때문입니다.”

“수보리여! 가장 높고 바른 깨달음을 얻고
자 하는 이는 일체법에 대하여 이와 같이 알
고, 이와 같이 보며, 이와 같이 믿고 이해하
여 법이라는 관념을 내지 않아야 한다. 수보
리여! 법이라는 관념은 법이라는 관념이 아
니라고 여래는 설하였으므로 법이라는 관념
이라 말한다.”

32. 관념을 떠난 교화

“수보리여! 어떤 사람이 한량없는 아승기 세

계에 칠보를 가득 채워 보시한다고 하자. 또 보살의 마음을 낸 어떤 선남자 선여인이 이 경을 지니되 사구게만이라도 받고 지니고 읽고 외워 다른 사람을 위해 연설해 준다고 하자. 그러면 이 복이 저 복보다 더 뛰어나다. 어떻게 남을 위해 설명해 줄 것인가? 설명해 준다는 관념에 집착하지 말고 흔들림 없이 설명해야 한다. 왜냐하면,

일체 모든 유위법은

꿈·허깨비·물거품·그림자

이슬·번개 같으니

이렇게 관찰할지라."

부처님께서 이 경을 다 설하시고 나니, 수보리 장로와 비구·비구니·우바새·우바이와 모든 세상의 천신·인간·아수라들이 부처님의 말씀을 듣고 매우 기뻐하며 믿고 받들어 행하였습니다.

우리말 금강경

개경게 (開經偈, 경전을 펴는 게송)

위없이　　심히깊은　　미묘한법을

백천만겁　　지난들　　어찌만나리

제가이제　　보고듣고　　받아지니니

부처님의　　진실한뜻　　알아지이다.

개법장진언 (開法藏眞言, 법장을 여는 진언)

『옴 아라남 아라다』(3편)

1. 법회의 인연

이와 같이 나는 들었습니다.

어느 때 부처님께서 거룩한 비구 천이백오

십 명과 함께 사위국 기수급고독원에 계셨습니다. 그때 세존께서는 공양 때가 되어 가사를 입고 발우를 들고 걸식하고자 사위대성에 들어가셨습니다. 성 안에서 차례로 걸식하신 후 본래의 처소로 돌아와 공양을 드신 뒤 가사와 발우를 거두고 발을 씻으신 다음 자리를 펴고 앉으셨습니다.

2. 수보리가 법을 물음

그때 대중 가운데 있던 수보리 장로가 자리에서 일어나 오른쪽 어깨를 드러내고 오른 무릎을 땅에 대며 합장하고 공손히 부처님께 여쭈었습니다.

"경이롭습니다, 세존이시여! 여래께서는 보살들을 잘 보호해 주시며 보살들을 잘 격려해 주십니다.

세존이시여! 가장 높고 바른 깨달음을 얻고

자 하는 선남자 선여인이 어떻게 살아야 하
며 어떻게 그 마음을 다스려야 합니까?"

부처님께서 말씀하셨습니다.

"훌륭하고 훌륭하다. 수보리여! 그대의 말
과 같이 여래는 보살들을 잘 보호해 주며 보
살들을 잘 격려해 준다. 그대는 자세히 들어
라. 그대에게 설하리라. 가장 높고 바른 깨
달음을 얻고자 하는 선남자 선여인은 이와
같이 살아야 하며 이와 같이 그 마음을 다스
려야 한다."

"예, 세존이시여!"라고 하며 수보리는 즐거
이 듣고자 하였습니다.

3. 대승의 근본 뜻

부처님께서 수보리에게 말씀하셨습니다.

"모든 보살마하살은 다음과 같이 그 마음을
다스려야 한다. '알에서 태어난 것이나, 태

에서 태어난 것이나, 습기에서 태어난 것이나, 변화하여 태어난 것이나, 형상이 있는 것이나, 형상이 없는 것이나, 생각이 있는 것이나, 생각이 없는 것이나, 생각이 있는 것도 아니고 없는 것도 아닌 온갖 중생들을 내가 모두 완전한 열반에 들게 하리라. 이와 같이 헤아릴 수 없이 많은 중생을 열반에 들게 하였으나, 실제로는 완전한 열반을 얻은 중생이 아무도 없다.'

왜냐하면 수보리여! 보살에게 자아가 있다는 관념, 개아가 있다는 관념, 중생이 있다는 관념, 영혼이 있다는 관념이 있다면 보살이 아니기 때문이다."

4. 집착 없는 보시

"또한 수보리여! 보살은 어떤 대상에도 집착 없이 보시해야 한다. 말하자면 형색에 집착

없이 보시해야 하며 소리, 냄새, 맛, 감촉, 마음의 대상에도 집착 없이 보시해야 한다. 수보리여! 보살은 이와 같이 보시하되 어떤 대상에 대한 관념에도 집착하지 않아야 한다. 왜냐하면 보살이 대상에 대한 관념에 집착 없이 보시한다면 그 복덕은 헤아릴 수 없기 때문이다.

수보리여! 그대 생각은 어떠한가? 동쪽 허공을 헤아릴 수 있겠는가?"

"없습니다, 세존이시여!"

"수보리여! 남서북방, 사이사이, 아래 위 허공을 헤아릴 수 있겠는가?"

"없습니다, 세존이시여!"

"수보리여! 보살이 대상에 대한 관념에 집착하지 않고 보시하는 복덕도 이와 같이 헤아릴 수 없다. 수보리여! 보살은 반드시 가르친 대로 살아야 한다."

5. 여래의 참 모습

"수보리여! 그대 생각은 어떠한가? 신체적 특징을 가지고 여래라고 볼 수 있는가?"

"없습니다, 세존이시여! 신체적 특징을 가지고 여래라고 볼 수는 없습니다. 왜냐하면 여래께서 말씀하신 신체적 특징은 바로 신체적 특징이 아니기 때문입니다."

부처님께서 수보리에게 말씀하셨습니다.

"신체적 특징들은 모두 헛된 것이니 신체적 특징이 신체적 특징 아님을 본다면 바로 여래를 보리라."

6. 깊은 믿음

수보리가 부처님께 여쭈었습니다.

"세존이시여! 이와 같은 말씀을 듣고 진실한 믿음을 내는 중생들이 있겠습니까?"

부처님께서 수보리에게 말씀하셨습니다.

"그런 말 하지 말라. 여래가 열반에 든 오백 년 뒤에도 계를 지니고 복덕을 닦는 이는 이러한 말에 신심을 낼 수 있고 이것을 진실한 말로 여길 것이다. 이 사람은 한 부처님이나 두 부처님, 서너 다섯 부처님께 선근을 심었을 뿐만 아니라 이미 한량없는 부처님 처소에서 여러 가지 선근을 심었으므로 이 말씀을 듣고 잠깐이라도 청정한 믿음을 내는 자임을 알아야 한다.

수보리여! 여래는 이러한 중생들이 이와 같이 한량없는 복덕 얻음을 다 알고 다 본다. 왜냐하면 이러한 중생들은 다시는 자아가 있다는 관념, 개아가 있다는 관념, 중생이 있다는 관념, 영혼이 있다는 관념이 없고, 법이라는 관념이 없으며 법이 아니라는 관념도 없기 때문이다.

왜냐하면 이러한 중생들이 마음에 관념을 가

지면 자아·개아·중생·영혼에 집착하는 것
이고 법이라는 관념을 가지면 자아·개아·
중생·영혼에 집착하는 것이기 때문이다.
왜냐하면 법이 아니라는 관념을 가져도 자
아·개아·중생·영혼에 집착하는 것이기
때문이다. 그러므로 법에 집착해도 안 되고
법 아닌 것에 집착해서도 안 된다.
그러기에 여래는 늘 설했다. 너희 비구들이
여! 나의 설법은 뗏목과 같은 줄 알아라. 법
도 버려야 하거늘 하물며 법 아닌 것이랴!"

7. 깨침과 설법이 없음

"수보리여! 그대 생각은 어떠한가? 여래가
가장 높고 바른 깨달음을 얻었는가? 여래가
설한 법이 있는가?"
수보리가 대답하였습니다.
"제가 부처님께서 말씀하신 뜻을 이해하기

로는 가장 높고 바른 깨달음이라 할 만한 정해진 법이 없고, 또한 여래께서 설한 단정적인 법도 없습니다. 왜냐하면 여래께서 설한 법은 모두 얻을 수도 없고 설할 수도 없으며, 법도 아니고 법아님도 아니기 때문입니다. 그것은 모든 성현들이 다 무위법 속에서 차이가 있는 까닭입니다."

8. 부처와 깨달음의 어머니, 금강경

"수보리여! 그대 생각은 어떠한가? 어떤 사람이 삼천대천세계에 칠보를 가득 채워 보시한다면 이 사람의 복덕이 진정 많겠는가?"

수보리가 대답하였습니다.

"매우 많습니다, 세존이시여! 왜냐하면 이 복덕은 바로 복덕의 본질이 아닌 까닭에 여래께서는 복덕이 많다고 하셨기 때문입니다."

"다시 어떤 사람이 이 경의 사구게만이라도

받고 지니고 다른 사람을 위해 설해 준다고
하자. 그러면 이 복이 저 복보다 더 뛰어나
다. 왜냐하면 수보리여! 모든 부처님과 모든
부처님의 가장 높고 바른 깨달음의 법은 다
이 경에서 나왔기 때문이다. 수보리여! 부처
의 가르침이라고 말하는 것은 부처의 가르
침이 아니다."

9. 관념과 그 관념의 부정

"수보리여! 그대 생각은 어떠한가? 수다원
이 '나는 수다원과를 얻었다.'고 생각하겠
는가?"

수보리가 대답하였습니다.

"아닙니다, 세존이시여! 왜냐하면 수다원은
'성자의 흐름에 든 자'라고 불리지만 들어
간 곳이 없으니 형색, 소리, 냄새, 맛, 감촉,
마음의 대상에 들어가지 않는 것을 수다원

이라 하기 때문입니다."

"수보리여! 그대 생각은 어떠한가? 사다함이 '나는 사다함과를 얻었다.'고 생각하겠는가?"

수보리가 대답하였습니다.

"아닙니다, 세존이시여! 왜냐하면 사다함은 '한 번만 돌아올 자'라고 불리지만 실로 돌아옴이 없는 것을 사다함이라 하기 때문입니다."

"수보리여! 그대 생각은 어떠한가? 아나함이 '나는 아나함과를 얻었다.'고 생각하겠는가?"

수보리가 대답하였습니다.

"아닙니다, 세존이시여! 왜냐하면 아나함은 '되돌아오지 않는 자'라고 불리지만 실로 되돌아오지 않음이 없는 것을 아나함이라 하기 때문입니다."

"수보리여! 그대 생각은 어떠한가? 아라한이 '나는 아라한의 경지를 얻었다.'고 생각하겠는가?"

수보리가 대답하였습니다.

"아닙니다, 세존이시여! 왜냐하면 실제 아라한이라 할 만한 법이 없기 때문입니다. 세존이시여! 아라한이 '나는 아라한의 경지를 얻었다.'고 생각한다면 자아·개아·중생·영혼에 집착하는 것입니다.

세존이시여! 부처님께서 저를 다툼 없는 삼매를 얻은 사람 가운데 제일이고 욕망을 여읜 제일가는 아라한이라고 말씀하셨습니다. 저는 '나는 욕망을 여읜 아라한이다.'라고 생각하지 않습니다.

세존이시여! 제가 '나는 아라한의 경지를 얻었다.'고 생각한다면 세존께서는 '수보리는 적정행을 즐기는 사람이다. 수보리는 실

로 적정행을 한 것이 없으므로 수보리는 적

정행을 즐긴다고 말한다.'라고 설하지 않으

셨을 것입니다."

10. 불국토의 장엄

부처님께서 수보리에게 말씀하셨습니다.

"그대 생각은 어떠한가? 여래가 옛적에 연등

부처님 처소에서 법을 얻은 것이 있는가?"

"없습니다, 세존이시여! 여래께서 연등부처님

처소에서 실제로 법을 얻은 것이 없습니다."

"수보리여! 그대 생각은 어떠한가? 보살이

불국토를 아름답게 꾸미는가?"

"아닙니다, 세존이시여! 왜냐하면 불국토를

아름답게 꾸민다는 것은 아름답게 꾸미는

것이 아니므로 아름답게 꾸민다고 말하기

때문입니다."

"그러므로 수보리여! 모든 보살마하살은 이

와 같이 깨끗한 마음을 내어야 한다.

형색에 집착하지 않고 마음을 내어야 하고 소리, 냄새, 맛, 감촉, 마음의 대상에도 집착하지 않고 마음을 내어야 한다. 마땅히 집착 없이 그 마음을 내어야 한다.

수보리여! 어떤 사람의 몸이 산들의 왕 수미산만큼 크다면 그대 생각은 어떠한가? 그 몸이 크다고 하겠는가?"

수보리가 대답하였습니다.

"매우 큽니다, 세존이시여! 왜냐하면 부처님께서는 몸 아님을 설하셨으므로 큰 몸이라 말씀하셨기 때문입니다."

11. 무위법의 뛰어난 복덕

"수보리여! 항하의 모래 수만큼 항하가 있다면 그대 생각은 어떠한가? 이 모든 항하의 모래 수는 진정 많다고 하겠는가?"

수보리가 대답하였습니다.

"매우 많습니다, 세존이시여! 항하들만 해도 헤아릴 수 없이 많은데 하물며 그것의 모래이겠습니까?"

"수보리여! 내가 지금 진실한 말로 그대에게 말한다. 선남자 선여인이 그 항하 모래수만큼의 삼천대천세계에 칠보를 가득 채워 보시한다면 그 복덕이 많겠는가?"

수보리가 대답하였습니다.

"매우 많습니다, 세존이시여!"

부처님께서 수보리에게 말씀하셨습니다.

"선남자 선여인이 이 경의 사구게만이라도 받고 지니고 다른 사람을 위해 설해 준다면 이 복이 저 복보다 더 뛰어나다."

12. 올바른 가르침의 존중

"또한 수보리여! 이 경의 사구게만이라도

설해지는 곳곳마다 어디든지 모든 세상의
천신·인간·아수라가 마땅히 공양할 부처
님의 탑묘임을 알아야 한다. 하물며 이 경
전체를 받고 지니고 읽고 외우는 사람이랴!
수보리여! 이 사람은 가장 높고 가장 경이로
운 법을 성취할 것임을 알아야 한다. 이와
같이 경전이 있는 곳은 부처님과 존경받는
제자들이 계시는 곳이다."

13. 이 경을 수지하는 방법

그때 수보리가 부처님께 여쭈었습니다.
"세존이시여! 이 경을 무엇이라 불러야 하며
저희들이 어떻게 받들어 지녀야 합니까?"
부처님께서 수보리에게 말씀하셨습니다.
"이 경의 이름은 '금강반야바라밀'이니, 이
제목으로 너희들은 받들어 지녀야 한다. 그
것은 수보리여! 여래는 반야바라밀을 반야

바라밀이 아니라 설하였으므로 반야바라밀
이라 말한 까닭이다. 수보리여! 그대 생각은
어떠한가? 여래가 설한 법이 있는가?"

수보리가 부처님께 말씀드렸습니다.

"세존이시여! 여래께서는 설하신 법이 없습
니다."

"수보리여! 그대 생각은 어떠한가? 삼천대
천세계를 이루고 있는 티끌이 많다고 하겠
는가?"

수보리가 대답하였습니다.

"매우 많습니다, 세존이시여!"

"수보리여! 여래는 티끌들을 티끌이 아니라
고 설하였으므로 티끌이라 말한다. 여래는
세계를 세계가 아니라고 설하였으므로 세계
라고 말한다. 수보리여! 그대 생각은 어떠한
가? 서른두 가지 신체적 특징을 가지고 여
래라고 볼 수 있는가?"

"없습니다, 세존이시여! 서른두 가지 신체적 특징을 가지고 여래라고 볼 수는 없습니다. 왜냐하면 여래께서는 서른두 가지 신체적 특징은 신체적 특징이 아니라고 설하셨으므로 서른두 가지 신체적 특징이라고 말씀하셨기 때문입니다."

"수보리여! 어떤 선남자 선여인이 항하의 모래 수만큼 목숨을 보시한다고 하자. 또 어떤 사람이 이 경의 사구게만이라도 받고 지니고 다른 사람을 위해 설해 준다고 하자. 그러면 이 복이 저 복보다 더욱 많으리라."

14. 관념을 떠난 열반

그때 수보리가 이 경 설하심을 듣고 뜻을 깊이 이해하여 감격의 눈물을 흘리며 부처님께 말씀드렸습니다.

"경이롭습니다, 세존이시여! 제가 지금까지

얻은 혜안으로는 부처님께서 이같이 깊이 있는 경전 설하심을 들은 적이 없습니다. 세존이시여! 만일 어떤 사람이 이 경을 듣고 믿음이 청정해지면 바로 궁극적 지혜가 일어날 것이니, 이 사람은 가장 경이로운 공덕을 성취할 것임을 알아야 합니다.

세존이시여! 이 궁극적 지혜라는 것은 궁극적 지혜가 아닌 까닭에 여래께서는 궁극적 지혜라고 말씀하셨습니다. 세존이시여! 제가 지금 이 같은 경전을 듣고서 믿고 이해하고 받고 지니기는 어렵지 않습니다. 그러나 미래 오백년 뒤에도 어떤 중생이 이 경전을 듣고 믿고 이해하고 받고 지닌다면 이 사람은 가장 경이로울 것입니다.

왜냐하면 이 사람은 자아가 있다는 관념, 개아가 있다는 관념, 중생이 있다는 관념, 영혼이 있다는 관념이 없기 때문입니다. 그것

은 자아가 있다는 관념은 관념이 아니며, 개
아가 있다는 관념, 중생이 있다는 관념, 영
혼이 있다는 관념은 관념이 아닌 까닭입니
다. 왜냐하면 모든 관념을 떠난 이를 부처님
이라 말하기 때문입니다."

부처님께서 수보리에게 말씀하셨습니다.

"그렇다, 그렇다. 만일 어떤 사람이 이 경을
듣고 놀라지도 않고 무서워하지도 않고 두
려워하지도 않는다면 이 사람은 매우 경이
로운 줄 알아야 한다. 왜냐하면 수보리여!
여래는 최고의 바라밀을 최고의 바라밀이
아니라고 설하였으므로 최고의 바라밀이라
말하기 때문이다.

수보리여! 인욕바라밀을 여래는 인욕바라밀
이 아니라고 설하였다. 왜냐하면 수보리여!
내가 옛적에 가리왕에게 온 몸을 마디마디
잘렸을 때, 나는 자아가 있다는 관념, 개아

가 있다는 관념, 중생이 있다는 관념, 영혼
이 있다는 관념이 없었기 때문이다.

왜냐하면 내가 옛날 마디마디 사지가 잘렸
을 때, 자아가 있다는 관념, 개아가 있다는
관념, 중생이 있다는 관념, 영혼이 있다는
관념이 있었다면 성내고 원망하는 마음이
생겼을 것이기 때문이다.

수보리여! 여래는 과거 오백 생 동안 인욕수
행자였는데 그때 자아가 있다는 관념이 없
었고, 개아가 있다는 관념이 없었고, 중생이
있다는 관념이 없었고, 영혼이 있다는 관념
이 없었다.

그러므로 수보리여! 보살은 모든 관념을 떠
나 가장 높고 바른 깨달음의 마음을 내어야
한다.

형색에 집착 없이 마음을 내어야 하며 소리,
냄새, 맛, 감촉, 마음의 대상에도 집착 없이

마음을 내어야 한다. 마땅히 집착 없이 마음을 내어야 한다. 마음에 집착이 있다면 그것은 올바른 삶이 아니다. 그러므로 보살은 형색에 집착 없는 마음으로 보시해야 한다고 여래는 설하였다.

수보리여! 보살은 모든 중생을 이롭게 하기 위해 이와 같이 보시해야 한다. 여래는 모든 중생이란 관념은 중생이란 관념이 아니라고 설하고, 또 모든 중생도 중생이 아니라고 설한다.

수보리여! 여래는 바른 말을 하는 이고, 참된 말을 하는 이며, 이치에 맞는 말을 하는 이고, 속임 없이 말하는 이며, 사실대로 말하는 이다. 수보리여! 여래가 얻은 법에는 진실도 없고 거짓도 없다.

수보리여! 보살이 대상에 집착하는 마음으로 보시하는 것은 마치 사람이 어둠 속에 들

어가면 아무것도 볼 수 없는 것과 같고 보살

이 대상에 집착하지 않는 마음으로 보시하는

것은 마치 눈 있는 사람에게 햇빛이 밝게 비

치면 갖가지 모양을 볼 수 있는 것과 같다.

수보리여! 미래에 선남자 선여인이 이 경전

을 받고 지니고 읽고 외운다면 여래는 부처

의 지혜로 이 사람들이 모두 한량없는 공덕

을 성취하게 될 것임을 다 알고 다 본다.”

15. 경을 수지하는 공덕

“수보리여! 선남자 선여인이 아침나절에 항

하의 모래 수만큼 몸을 보시하고 점심나절

에 항하의 모래 수만큼 몸을 보시하며 저녁

나절에 항하의 모래 수만큼 몸을 보시하여,

이와 같이 한량없는 시간동안 몸을 보시한

다고 하자.

또 어떤 사람이 이 경의 말씀을 듣고 비방하

지 않고 믿는다고 하자. 그러면 이 복은 저 복보다 더 뛰어나다. 하물며 이 경전을 베껴 쓰고 받고 지니고 읽고 외우고 다른 이를 위해 설명해 줌이랴!

수보리여! 간단하게 말하면 이 경에는 생각할 수도 없고 헤아릴 수도 없는 한없는 공덕이 있다. 여래는 대승에 나아가는 이를 위해 설하며 최상승에 나아가는 이를 위해 설한다. 어떤 사람이 이 경을 받고 지니고 읽고 외워 널리 다른 사람을 위해 설해 준다면 여래는 이 사람들이 헤아릴 수 없고 말할 수 없으며 한없고 생각할 수 없는 공덕을 성취할 것임을 다 알고 다 본다. 이와 같은 사람들은 여래의 가장 높고 바른 깨달음을 감당하게 될 것이다.

왜냐하면 수보리여! 소승법을 좋아하는 자가 자아가 있다는 견해, 개아가 있다는 견해, 중생이 있다는 견해, 영혼이 있다는 견해에 집착한다면 이 경을 듣고 받고 읽고 외우며 다른 사람을 위해 설명해 주지 못하기 때문이다.

수보리여! 이 경전이 있는 곳은 어디든지 모든 세상의 천신·인간·아수라들에게 공양을 받을 것이다. 이곳은 바로 탑이 되리니 모두가 공경하고 예배하고 돌면서 그곳에 여러 가지 꽃과 향을 뿌릴 것임을 알아야 한다."

16. 업장을 맑히는 공덕

"또한 수보리여! 이 경을 받고 지니고 읽고 외우는 선남자 선여인이 남에게 천대와 멸시를 당한다면 이 사람이 전생에 지은 죄업으로는 악도에 떨어져야 마땅하겠지만, 금생에 다른 사람의 천대와 멸시를 받았기 때문에 전생의 죄업이 소멸되고 반드시 가장 높고 바른 깨달음을 얻게 될 것이다.

수보리여! 나는 연등부처님을 만나기 전 과거 한량없는 아승기겁 동안 팔백 사천 만억 나유타의 여러 부처님을 만나 모두 공양하고 받들어 섬기며 그냥 지나친 적이 없었음을 기억한다.

만일 어떤 사람이 정법이 쇠퇴할 때 이 경을 잘 받고 지니고 읽고 외워서 얻은 공덕에 비하면, 내가 여러 부처님께 공양한 공덕은 백에 하나에도 미치지 못하고 천에 하나 만에 하나 억에 하나에도 미치지 못하며 더 나아가서 어떤 셈이나 비유로도 미치지 못한다.

수보리여! 선남자 선여인이 정법이 쇠퇴할 때 이 경을 받고 지니고 읽고 외워서 얻는 공덕을 내가 자세히 말한다면, 아마도 이 말을 듣는 이는 마음이 어지러워서 의심하고 믿지 않을 것이다. 수보리여! 이 경은 뜻이

불가사의하며 그 과보도 불가사의함을 알아
야 한다."

17. 궁극의 가르침, 무아

그때 수보리가 부처님께 여쭈었습니다.

"세존이시여! 가장 높고 바른 깨달음을 얻
고자 하는 선남자 선여인은 어떻게 살아야
하며 어떻게 그 마음을 다스려야 합니까?"

부처님께서 수보리에게 말씀하셨습니다.

"가장 높고 바른 깨달음을 얻고자 하는 선남
자 선여인은 이러한 마음을 일으켜야 한다.
'나는 일체 중생을 열반에 들게 하리라. 일
체 중생을 열반에 들게 하였지만 실제로는
아무도 열반을 얻은 중생이 없다.'

왜냐하면 수보리여! 보살에게 자아가 있다
는 관념, 개아가 있다는 관념, 중생이 있다
는 관념, 영혼이 있다는 관념이 있다면 보살

이 아니기 때문이다. 그것은 수보리여! 가장 높고 바른 깨달음에 나아가는 자라 할 법이 실제로 없는 까닭이다.

수보리여! 그대 생각은 어떠한가? 여래가 연등부처님 처소에서 얻은 가장 높고 바른 깨달음이라 할 법이 있었는가?”

“아닙니다, 세존이시여! 제가 부처님께서 말씀하신 뜻을 이해하기로는 부처님께서 연등부처님 처소에서 얻으신 가장 높고 바른 깨달음이라 할 법이 없습니다.”

부처님께서 말씀하셨습니다.

“그렇다, 그렇다. 수보리여! 여래가 가장 높고 바른 깨달음을 얻은 법이 실제로 없다. 수보리여! 여래가 가장 높고 바른 깨달음을 얻은 법이 있었다면 연등부처님께서 내게 ‘그대는 내세에 석가모니라는 이름의 부처가 될 것이다.’라고 수기하지 않았을 것이다. 가장 높고 바른 깨달음을 얻은 법이 실제로 없었으므로 연등부처님께서 내게 '그대는 내세에는 반드시 석가모니라는 이름의 부처가 될 것이다.'라고 수기하셨던 것이다. 왜냐하면 여래는 모든 존재의 진실한 모습을 의미하기 때문이다.

어떤 사람이 여래가 가장 높고 바른 깨달음을 얻었다고 말한다면, 수보리여! 여래가 가장 높고 바른 깨달음을 얻은 법이 실제로 없다. 수보리여! 여래가 얻은 가장 높고 바른 깨달음에는 진실도 없고 거짓도 없다. 그러므로 여래는 '일체법이 모두 불법이다.'라고 설한다.

수보리여! 일체법이라 말한 것은 일체법이 아닌 까닭에 일체법이라 말한다. 수보리여! 예컨대 사람의 몸이 매우 큰 것과 같다."

수보리가 말하였습니다.

"세존이시여! 여래께서 사람의 몸이 매우 크다는 것은 큰 몸이 아니라고 설하셨으므로 큰 몸이라 말씀하셨습니다."

"수보리여! 보살도 역시 그러하다. '나는 반드시 한량없는 중생을 제도하리라.' 말한다면 보살이라 할 수 없다. 왜냐하면 수보리여! 보살이라 할 만한 법이 실제로 없기 때문이다. 그러므로 여래는 모든 법에 자아도 없고, 개아도 없고, 중생도 없고, 영혼도 없다고 설한 것이다.

수보리여! 보살이 '나는 반드시 불국토를 장엄하리라.' 말한다면 이는 보살이라 할 수 없다. 왜냐하면 여래는 불국토를 장엄한다는 것은 장엄하는 것이 아니라고 설하였으므로 장엄한다고 말하기 때문이다.

수보리여! 보살이 무아의 법에 통달한다면 여래는 이런 이를 진정한 보살이라 부른다."

18. 분별없이 관찰함

"수보리여! 그대 생각은 어떠한가? 여래에게 육안이 있는가?"

"그렇습니다, 세존이시여! 여래에게는 육안이 있습니다."

"수보리여! 그대 생각은 어떠한가? 여래에게 천안이 있는가?"

"그렇습니다, 세존이시여! 여래에게는 천안이 있습니다."

"수보리여! 그대 생각은 어떠한가? 여래에게 혜안이 있는가?"

"그렇습니다, 세존이시여! 여래에게는 혜안이 있습니다."

"수보리여! 그대 생각은 어떠한가? 여래에게 법안이 있는가?"

"그렇습니다, 세존이시여! 여래에게는 법안이 있습니다."

"수보리여! 그대 생각은 어떠한가? 여래에게
불안이 있는가?"

"그렇습니다, 세존이시여! 여래에게는 불안이
있습니다."

"수보리여! 그대 생각은 어떠한가? 여래는
항하의 모래에 대해서 설하였는가?"

"그렇습니다, 세존이시여! 여래는 이 모래에
대해 설하셨습니다."

"수보리여! 그대 생각은 어떠한가? 한 항하의
모래와 같이 이런 모래만큼의 항하가 있고 이
여러 항하의 모래 수만큼 부처님 세계가 그
만큼 있다면 진정 많다고 하겠는가?"

"매우 많습니다, 세존이시여!"

부처님께서 수보리에게 말씀하셨습니다.

"그 국토에 있는 중생의 여러 가지 마음을
여래는 다 안다. 왜냐하면 여래는 여러 가지
마음이 모두 다 마음이 아니라 설하였으므

로 마음이라 말하기 때문이다. 그것은 수보
리여! 과거의 마음도 얻을 수 없고 현재의
마음도 얻을 수 없고 미래의 마음도 얻을 수
없는 까닭이다."

19. 복덕 아닌 복덕

"수보리여! 그대 생각은 어떠한가? 어떤 사
람이 삼천대천세계에 칠보를 가득 채워 보
시한다면 이 사람이 이러한 인연으로 많은
복덕을 얻겠는가?"

"그렇습니다, 세존이시여! 그 사람이 이러한
인연으로 매우 많은 복덕을 얻을 것입니다."

"수보리여! 복덕이 실로 있는 것이라면 여
래는 많은 복덕을 얻는다고 말하지 않았을
것이다. 복덕이 없기 때문에 여래는 많은 복
덕을 얻는다고 말한 것이다."

20. 모습과 특성의 초월

"수보리여! 그대 생각은 어떠한가? 신체적 특징을 원만하게 갖추었다고 여래라고 볼 수 있겠는가?"

"아닙니다, 세존이시여! 신체적 특징을 원만하게 갖추었다고 여래라고 볼 수는 없습니다. 왜냐하면 여래께서는 원만한 신체를 갖춘다는 것은 원만한 신체를 갖춘 것이 아니라고 설하셨으므로 원만한 신체를 갖춘 것이라고 말씀하셨기 때문입니다."

"수보리여! 그대 생각은 어떠한가? 신체적 특징을 갖추었다고 여래라고 볼 수 있겠는가?"

"아닙니다, 세존이시여! 신체적 특징을 갖추었다고 여래라고 볼 수는 없습니다. 왜냐하면 여래께서는 신체적 특징을 갖춘다는 것이 신체적 특징을 갖춘 것이 아니라고 설

하셨으므로 신체적 특징을 갖춘 것이라고
말씀하셨기 때문입니다."

21. 설법 아닌 설법

"수보리여! 그대는 여래가 '나는 설한 법이
있다.'는 생각을 한다고 말하지 말라. 이런
생각을 하지 말라. 왜냐하면 '여래께서 설하
신 법이 있다.'고 말한다면, 이 사람은 여래
를 비방하는 것이니, 내가 설한 것을 이해하
지 못했기 때문이다. 수보리여! 설법이라는
것은 설할 만한 법이 없는 것이므로 설법이
라고 말한다."

그때 수보리 장로가 부처님께 여쭈었습니다.

"세존이시여! 미래에 이 법 설하심을 듣고
신심을 낼 중생이 조금이라도 있겠습니까?"

부처님께서 말씀하셨습니다.

"수보리여! 저들은 중생이 아니요 중생이 아

닌 것도 아니다. 왜냐하면 수보리여! 중생

중생이라 하는 것은 여래가 중생이 아니라고

설하였으므로 중생이라 말하기 때문이다."

22. 얻을 것이 없는 법

수보리가 부처님께 여쭈었습니다.

"세존이시여! 부처님께서 가장 높고 바른

깨달음을 얻은 것은 법이 없는 것입니까?"

부처님께서 말씀하셨습니다.

"그렇다, 그렇다. 수보리여! 내가 가장 높고

바른 깨달음에서 조그마한 법조차도 얻을

만한 것이 없었으므로 가장 높고 바른 깨달

음이라 말한다."

23. 관념을 떠난 선행

"또한 수보리여! 이 법은 평등하여 높고 낮

은 것이 없으니, 이것을 가장 높고 바른 깨

달음이라 말한다. 자아도 없고, 개아도 없고, 중생도 없고, 영혼도 없이 온갖 선법을 닦음으로써 가장 높고 바른 깨달음을 얻게 된다. 수보리여! 선법이라는 것은 선법이 아니라고 여래는 설하였으므로 선법이라 말한다."

24. 경전 수지가 최고의 복덕

"수보리여! 삼천대천세계에 있는 산들의 왕 수미산만큼의 칠보 무더기를 가지고 보시하는 사람이 있다고 하자. 또 이 반야바라밀경의 사구게만이라도 받고 지니고 읽고 외워 다른 사람을 위해 설해 주는 사람이 있다고 하자. 그러면 앞의 복덕은 뒤의 복덕에 비해 백에 하나에도 미치지 못하고 천에 하나 만에 하나 억에 하나에도 미치지 못하며 더 나아가서 어떤 셈이나 비유로도 미치지 못한다."

25. 분별없는 교화

"수보리여! 그대 생각은 어떠한가? 그대들은 여래가 '나는 중생을 제도하리라.'는 생각을 한다고 말하지 말라. 수보리여! 이런 생각을 하지 말라. 왜냐하면 여래가 제도한 중생이 실제로 없기 때문이다. 만일 여래가 제도한 중생이 있다면, 여래에게도 자아 · 개아 · 중생 · 영혼이 있다는 집착이 있는 것이다.

수보리여! 자아가 있다는 집착은 자아가 있다는 집착이 아니라고 여래는 설하였다. 그렇지만 범부들이 자아가 있다고 집착한다. 수보리여! 범부라는 것도 여래는 범부가 아니라고 설하였다."

26. 신체적 특징을 떠난 여래

"수보리여! 그대 생각은 어떠한가? 서른두 가

지 신체적 특징으로 여래라고 볼 수 있는가?"

수보리가 대답하였습니다.

"그렇습니다, 그렇습니다. 서른두 가지 신체
적 특징으로도 여래라고 볼 수 있습니다."

부처님께서 말씀하셨습니다.

"수보리여! 서른두 가지 신체적 특징으로도
여래라고 볼 수 있다면 전륜성왕도 여래겠
구나!"

수보리가 부처님께 말씀드렸습니다.

"세존이시여! 제가 부처님께서 말씀하신 뜻
을 이해하기로는, 서른두 가지 신체적 특징
을 가지고는 여래를 볼 수 없습니다."

그때 세존께서 게송으로 말씀하셨습니다.

형색으로 나를 보거나

음성으로 나를 찾으면

삿된 길 걸을 뿐

여래 볼 수 없으리.

27. 단절과 소멸의 초월

"수보리여! 그대가 '여래는 신체적 특징을 원만하게 갖추지 않았기 때문에 가장 높고 바른 깨달음을 얻은 것이다.'라고 생각한다면, 수보리여! '여래는 신체적 특징을 원만하게 갖추지 않았기 때문에 가장 높고 바른 깨달음을 얻은 것이다.'라고 생각하지 말라. 수보리여! 그대가 '가장 높고 바른 깨달음의 마음을 낸 자는 모든 법이 단절되고 소멸되어 버림을 주장한다.'고 생각한다면, 이런 생각을 하지 말라. 왜냐하면 가장 높고 바른 깨달음의 마음을 낸 자는 법에 대하여 단절되고 소멸된다는 관념을 말하지 않기 때문이다."

28. 탐착 없는 복덕

"수보리여! 보살이 항하의 모래 수만큼 세

계에 칠보를 가득 채워 보시한다고 하자. 또 어떤 사람이 모든 법이 무아임을 알아 인욕을 성취한다고 하자. 그러면 이 보살의 공덕은 앞의 보살이 얻은 공덕보다 더 뛰어나다. 수보리여! 모든 보살들은 복덕을 누리지 않기 때문이다."

수보리가 부처님께 여쭈었습니다.

"세존이시여! 어찌하여 보살이 복덕을 누리지 않습니까?"

"수보리여! 보살은 지은 복덕에 탐욕을 내거나 집착하지 않아야 하기 때문에 복덕을 누리지 않는다고 설한 것이다."

29. 오고 감이 없는 여래

"수보리여! 어떤 사람이 '여래는 오기도 하고 가기도 하며 앉기도 하고 눕기도 한다.'고 말한다면, 그 사람은 내가 설한 뜻을 이

해하지 못한 것이다. 왜냐하면 여래란 오는 것도 없고 가는 것도 없으므로 여래라고 말하기 때문이다."

30. 부분과 전체의 참모습

"수보리여! 선남자 선여인이 삼천대천세계를 부수어 가는 티끌을 만든다면, 그대 생각은 어떠한가? 이 티끌들이 진정 많겠는가?"

"매우 많습니다, 세존이시여! 왜냐하면 티끌들이 실제로 있는 것이라면 여래께서는 티끌들이라고 말씀하지 않으셨을 것이기 때문입니다. 그것은 여래께서 티끌들은 티끌들이 아니라고 설하셨으므로 티끌들이라고 말씀하신 까닭입니다.

세존이시여! 여래께서 말씀하신 삼천대천세계는 세계가 아니므로 세계라 말씀하십니다. 왜냐하면 세계가 실제로 있는 것이라면

한 덩어리로 뭉쳐진 것이겠지만, 여래께서 한 덩어리로 뭉쳐진 것은 한 덩어리로 뭉쳐진 것이 아니라고 설하셨으므로 한 덩어리로 뭉쳐진 것이라 말씀하셨기 때문입니다."

"수보리여! 한 덩어리로 뭉쳐진 것은 말할 수가 없는 것인데 범부들이 그것을 탐내고 집착할 따름이다."

31. 내지 않아야 할 관념

"수보리여! 어떤 사람이 여래가 '자아가 있다는 견해, 개아가 있다는 견해, 중생이 있다는 견해, 영혼이 있다는 견해를 설했다.'고 말한다면, 수보리여! 그대 생각은 어떠한가? 이 사람이 내가 설한 뜻을 알았다 하겠는가?"

"아닙니다, 세존이시여! 그 사람은 여래께서 설한 뜻을 알지 못한 것입니다. 왜냐하면 세존께서는 자아가 있다는 견해, 개아가 있

다는 견해, 중생이 있다는 견해, 영혼이 있
다는 견해가 자아가 있다는 견해, 개아가 있
다는 견해, 중생이 있다는 견해, 영혼이 있
다는 견해가 아니라고 설하셨으므로 자아가
있다는 견해, 개아가 있다는 견해, 중생이
있다는 견해, 영혼이 있다는 견해라고 말씀
하셨기 때문입니다."

"수보리여! 가장 높고 바른 깨달음을 얻고
자 하는 이는 일체법에 대하여 이와 같이 알
고, 이와 같이 보며, 이와 같이 믿고 이해하
여 법이라는 관념을 내지 않아야 한다. 수보
리여! 법이라는 관념은 법이라는 관념이 아
니라고 여래는 설하였으므로 법이라는 관념
이라 말한다."

32. 관념을 떠난 교화

"수보리여! 어떤 사람이 한량없는 아승기 세

계에 칠보를 가득 채워 보시한다고 하자. 또 보살의 마음을 낸 어떤 선남자 선여인이 이 경을 지니되 사구게만이라도 받고 지니고 읽고 외워 다른 사람을 위해 연설해 준다고 하자. 그러면 이 복이 저 복보다 더 뛰어나다. 어떻게 남을 위해 설명해 줄 것인가? 설명해 준다는 관념에 집착하지 말고 흔들림 없이 설명해야 한다. 왜냐하면,

일체 모든 유위법은

꿈·허깨비·물거품·그림자

이슬·번개 같으니

이렇게 관찰할지라."

부처님께서 이 경을 다 설하시고 나니, 수보리 장로와 비구·비구니·우바새·우바이와 모든 세상의 천신·인간·아수라들이 부처님의 말씀을 듣고 매우 기뻐하며 믿고 받들어 행하였습니다.

우리말 금강경

개경게 (開經偈, 경전을 펴는 게송)

위없이　　심히깊은　　미묘한법을

백천만겁　지난들　　어찌만나리.

제가이제　보고듣고　받아지니니

부처님의　진실한뜻　알아지이다.

개법장진언 (開法藏眞言, 법장을 여는 진언)

『옴 아라남 아라다』(3편)

1. 법회의 인연

이와 같이 나는 들었습니다.

어느 때 부처님께서 거룩한 비구 천이백오

십 명과 함께 사위국 기수급고독원에 계셨습니다. 그때 세존께서는 공양 때가 되어 가사를 입고 발우를 들고 걸식하고자 사위대성에 들어가셨습니다. 성 안에서 차례로 걸식하신 후 본래의 처소로 돌아와 공양을 드신 뒤 가사와 발우를 거두고 발을 씻으신 다음 자리를 펴고 앉으셨습니다.

2. 수보리가 법을 물음

그때 대중 가운데 있던 수보리 장로가 자리에서 일어나 오른쪽 어깨를 드러내고 오른 무릎을 땅에 대며 합장하고 공손히 부처님께 여쭈었습니다.

"경이롭습니다, 세존이시여! 여래께서는 보살들을 잘 보호해 주시며 보살들을 잘 격려해 주십니다.

세존이시여! 가장 높고 바른 깨달음을 얻고

자 하는 선남자 선여인이 어떻게 살아야 하
며 어떻게 그 마음을 다스려야 합니까?"
부처님께서 말씀하셨습니다.
"훌륭하고 훌륭하다. 수보리여! 그대의 말
과 같이 여래는 보살들을 잘 보호해 주며 보
살들을 잘 격려해 준다. 그대는 자세히 들어
라. 그대에게 설하리라. 가장 높고 바른 깨
달음을 얻고자 하는 선남자 선여인은 이와
같이 살아야 하며 이와 같이 그 마음을 다스
려야 한다."
"예, 세존이시여!"라고 하며 수보리는 즐거
이 듣고자 하였습니다.

3. 대승의 근본 뜻
부처님께서 수보리에게 말씀하셨습니다.
"모든 보살마하살은 다음과 같이 그 마음을
다스려야 한다. '알에서 태어난 것이나, 태

에서 태어난 것이나, 습기에서 태어난 것이나, 변화하여 태어난 것이나, 형상이 있는 것이나, 형상이 없는 것이나, 생각이 있는 것이나, 생각이 없는 것이나, 생각이 있는 것도 아니고 없는 것도 아닌 온갖 중생들을 내가 모두 완전한 열반에 들게 하리라. 이와 같이 헤아릴 수 없이 많은 중생을 열반에 들게 하였으나, 실제로는 완전한 열반을 얻은 중생이 아무도 없다.'

왜냐하면 수보리여! 보살에게 자아가 있다는 관념, 개아가 있다는 관념, 중생이 있다는 관념, 영혼이 있다는 관념이 있다면 보살이 아니기 때문이다."

4. 집착 없는 보시

"또한 수보리여! 보살은 어떤 대상에도 집착 없이 보시해야 한다. 말하자면 형색에 집착

없이 보시해야 하며 소리, 냄새, 맛, 감촉, 마음의 대상에도 집착 없이 보시해야 한다. 수보리여! 보살은 이와 같이 보시하되 어떤 대상에 대한 관념에도 집착하지 않아야 한다. 왜냐하면 보살이 대상에 대한 관념에 집착 없이 보시한다면 그 복덕은 헤아릴 수 없기 때문이다.

수보리여! 그대 생각은 어떠한가? 동쪽 허공을 헤아릴 수 있겠는가?"

"없습니다, 세존이시여!"

"수보리여! 남서북방, 사이사이, 아래 위 허공을 헤아릴 수 있겠는가?"

"없습니다, 세존이시여!"

"수보리여! 보살이 대상에 대한 관념에 집착하지 않고 보시하는 복덕도 이와 같이 헤아릴 수 없다. 수보리여! 보살은 반드시 가르친 대로 살아야 한다."

5. 여래의 참 모습

"수보리여! 그대 생각은 어떠한가? 신체적 특징을 가지고 여래라고 볼 수 있는가?"

"없습니다, 세존이시여! 신체적 특징을 가지고 여래라고 볼 수는 없습니다. 왜냐하면 여래께서 말씀하신 신체적 특징은 바로 신체적 특징이 아니기 때문입니다."

부처님께서 수보리에게 말씀하셨습니다.

"신체적 특징들은 모두 헛된 것이니 신체적 특징이 신체적 특징 아님을 본다면 바로 여래를 보리라."

6. 깊은 믿음

수보리가 부처님께 여쭈었습니다.

"세존이시여! 이와 같은 말씀을 듣고 진실한 믿음을 내는 중생들이 있겠습니까?"

부처님께서 수보리에게 말씀하셨습니다.

"그런 말 하지 말라. 여래가 열반에 든 오백 년 뒤에도 계를 지니고 복덕을 닦는 이는 이러한 말에 신심을 낼 수 있고 이것을 진실한 말로 여길 것이다. 이 사람은 한 부처님이나 두 부처님, 서너 다섯 부처님께 선근을 심었을 뿐만 아니라 이미 한량없는 부처님 처소에서 여러 가지 선근을 심었으므로 이 말씀을 듣고 잠깐이라도 청정한 믿음을 내는 자임을 알아야 한다.

수보리여! 여래는 이러한 중생들이 이와 같이 한량없는 복덕 얻음을 다 알고 다 본다. 왜냐하면 이러한 중생들은 다시는 자아가 있다는 관념, 개아가 있다는 관념, 중생이 있다는 관념, 영혼이 있다는 관념이 없고, 법이라는 관념이 없으며 법이 아니라는 관념도 없기 때문이다.

왜냐하면 이러한 중생들이 마음에 관념을 가

지면 자아 · 개아 · 중생 · 영혼에 집착하는 것
이고 법이라는 관념을 가지면 자아 · 개아 ·
중생 · 영혼에 집착하는 것이기 때문이다.
왜냐하면 법이 아니라는 관념을 가져도 자
아 · 개아 · 중생 · 영혼에 집착하는 것이기
때문이다. 그러므로 법에 집착해도 안 되고
법 아닌 것에 집착해서도 안 된다.
그러기에 여래는 늘 설했다. 너희 비구들이
여! 나의 설법은 뗏목과 같은 줄 알아라. 법
도 버려야 하거늘 하물며 법 아닌 것이랴!"

7. 깨침과 설법이 없음
"수보리여! 그대 생각은 어떠한가? 여래가
가장 높고 바른 깨달음을 얻었는가? 여래가
설한 법이 있는가?"
수보리가 대답하였습니다.
"제가 부처님께서 말씀하신 뜻을 이해하기

로는 가장 높고 바른 깨달음이라 할 만한 정해진 법이 없고, 또한 여래께서 설한 단정적인 법도 없습니다. 왜냐하면 여래께서 설한 법은 모두 얻을 수도 없고 설할 수도 없으며, 법도 아니고 법아님도 아니기 때문입니다. 그것은 모든 성현들이 다 무위법 속에서 차이가 있는 까닭입니다."

8. 부처와 깨달음의 어머니, 금강경

"수보리여! 그대 생각은 어떠한가? 어떤 사람이 삼천대천세계에 칠보를 가득 채워 보시한다면 이 사람의 복덕이 진정 많겠는가?"
수보리가 대답하였습니다.
"매우 많습니다, 세존이시여! 왜냐하면 이 복덕은 바로 복덕의 본질이 아닌 까닭에 여래께서는 복덕이 많다고 하셨기 때문입니다."
"다시 어떤 사람이 이 경의 사구게만이라도

받고 지니고 다른 사람을 위해 설해 준다고 하자. 그러면 이 복이 저 복보다 더 뛰어나다. 왜냐하면 수보리여! 모든 부처님과 모든 부처님의 가장 높고 바른 깨달음의 법은 다 이 경에서 나왔기 때문이다. 수보리여! 부처의 가르침이라고 말하는 것은 부처의 가르침이 아니다."

9. 관념과 그 관념의 부정

"수보리여! 그대 생각은 어떠한가? 수다원이 '나는 수다원과를 얻었다.'고 생각하겠는가?"

수보리가 대답하였습니다.

"아닙니다, 세존이시여! 왜냐하면 수다원은 '성자의 흐름에 든 자'라고 불리지만 들어간 곳이 없으니 형색, 소리, 냄새, 맛, 감촉, 마음의 대상에 들어가지 않는 것을 수다원이라 하기 때문입니다."

"수보리여! 그대 생각은 어떠한가? 사다함
이 '나는 사다함과를 얻었다.'고 생각하겠
는가?"

수보리가 대답하였습니다.

"아닙니다, 세존이시여! 왜냐하면 사다함은
'한 번만 돌아올 자'라고 불리지만 실로 돌
아옴이 없는 것을 사다함이라 하기 때문입
니다."

"수보리여! 그대 생각은 어떠한가? 아나함
이 '나는 아나함과를 얻었다.'고 생각하겠
는가?"

수보리가 대답하였습니다.

"아닙니다, 세존이시여! 왜냐하면 아나함은
'되돌아오지 않는 자'라고 불리지만 실로
되돌아오지 않음이 없는 것을 아나함이라
하기 때문입니다."

"수보리여! 그대 생각은 어떠한가? 아라한이 '나는 아라한의 경지를 얻었다.'고 생각하겠는가?"

수보리가 대답하였습니다.

"아닙니다, 세존이시여! 왜냐하면 실제 아라한이라 할 만한 법이 없기 때문입니다. 세존이시여! 아라한이 '나는 아라한의 경지를 얻었다.'고 생각한다면 자아·개아·중생·영혼에 집착하는 것입니다.

세존이시여! 부처님께서 저를 다툼 없는 삼매를 얻은 사람 가운데 제일이고 욕망을 여읜 제일가는 아라한이라고 말씀하셨습니다. 저는 '나는 욕망을 여읜 아라한이다.'라고 생각하지 않습니다.

세존이시여! 제가 '나는 아라한의 경지를 얻었다.'고 생각한다면 세존께서는 '수보리는 적정행을 즐기는 사람이다. 수보리는 실

로 적정행을 한 것이 없으므로 수보리는 적

정행을 즐긴다고 말한다.'라고 설하지 않으

셨을 것입니다."

10. 불국토의 장엄

부처님께서 수보리에게 말씀하셨습니다.

"그대 생각은 어떠한가? 여래가 옛적에 연등

부처님 처소에서 법을 얻은 것이 있는가?"

"없습니다, 세존이시여! 여래께서 연등부처님

처소에서 실제로 법을 얻은 것이 없습니다."

"수보리여! 그대 생각은 어떠한가? 보살이

불국토를 아름답게 꾸미는가?"

"아닙니다, 세존이시여! 왜냐하면 불국토를

아름답게 꾸민다는 것은 아름답게 꾸미는

것이 아니므로 아름답게 꾸민다고 말하기

때문입니다."

"그러므로 수보리여! 모든 보살마하살은 이

와 같이 깨끗한 마음을 내어야 한다.

형색에 집착하지 않고 마음을 내어야 하고 소리, 냄새, 맛, 감촉, 마음의 대상에도 집착하지 않고 마음을 내어야 한다. 마땅히 집착 없이 그 마음을 내어야 한다.

수보리여! 어떤 사람의 몸이 산들의 왕 수미산만큼 크다면 그대 생각은 어떠한가? 그 몸이 크다고 하겠는가?"

수보리가 대답하였습니다.

"매우 큽니다, 세존이시여! 왜냐하면 부처님께서는 몸 아님을 설하셨으므로 큰 몸이라 말씀하셨기 때문입니다."

11. 무위법의 뛰어난 복덕

"수보리여! 항하의 모래 수만큼 항하가 있다면 그대 생각은 어떠한가? 이 모든 항하의 모래 수는 진정 많다고 하겠는가?"

수보리가 대답하였습니다.

"매우 많습니다, 세존이시여! 항하들만 해도 헤아릴 수 없이 많은데 하물며 그것의 모래이겠습니까?"

"수보리여! 내가 지금 진실한 말로 그대에게 말한다. 선남자 선여인이 그 항하 모래수만큼의 삼천대천세계에 칠보를 가득 채워 보시한다면 그 복덕이 많겠는가?"

수보리가 대답하였습니다.

"매우 많습니다, 세존이시여!"

부처님께서 수보리에게 말씀하셨습니다.

"선남자 선여인이 이 경의 사구게만이라도 받고 지니고 다른 사람을 위해 설해 준다면 이 복이 저 복보다 더 뛰어나다."

12. 올바른 가르침의 존중

"또한 수보리여! 이 경의 사구게만이라도

설해지는 곳곳마다 어디든지 모든 세상의 천신·인간·아수라가 마땅히 공양할 부처님의 탑묘임을 알아야 한다. 하물며 이 경 전체를 받고 지니고 읽고 외우는 사람이랴! 수보리여! 이 사람은 가장 높고 가장 경이로운 법을 성취할 것임을 알아야 한다. 이와 같이 경전이 있는 곳은 부처님과 존경받는 제자들이 계시는 곳이다.″

13. 이 경을 수지하는 방법

그때 수보리가 부처님께 여쭈었습니다.

″세존이시여! 이 경을 무엇이라 불러야 하며 저희들이 어떻게 받들어 지녀야 합니까?″

부처님께서 수보리에게 말씀하셨습니다.

″이 경의 이름은 '금강반야바라밀'이니, 이 제목으로 너희들은 받들어 지녀야 한다. 그것은 수보리여! 여래는 반야바라밀을 반야

바라밀이 아니라 설하였으므로 반야바라밀이라 말한 까닭이다. 수보리여! 그대 생각은 어떠한가? 여래가 설한 법이 있는가?"

수보리가 부처님께 말씀드렸습니다.

"세존이시여! 여래께서는 설하신 법이 없습니다."

"수보리여! 그대 생각은 어떠한가? 삼천대천세계를 이루고 있는 티끌이 많다고 하겠는가?"

수보리가 대답하였습니다.

"매우 많습니다, 세존이시여!"

"수보리여! 여래는 티끌들을 티끌이 아니라고 설하였으므로 티끌이라 말한다. 여래는 세계를 세계가 아니라고 설하였으므로 세계라고 말한다. 수보리여! 그대 생각은 어떠한가? 서른두 가지 신체적 특징을 가지고 여래라고 볼 수 있는가?"

"없습니다, 세존이시여! 서른두 가지 신체적 특징을 가지고 여래라고 볼 수는 없습니다. 왜냐하면 여래께서는 서른두 가지 신체적 특징은 신체적 특징이 아니라고 설하셨으므로 서른두 가지 신체적 특징이라고 말씀하셨기 때문입니다."

"수보리여! 어떤 선남자 선여인이 항하의 모래 수만큼 목숨을 보시한다고 하자. 또 어떤 사람이 이 경의 사구게만이라도 받고 지니고 다른 사람을 위해 설해 준다고 하자. 그러면 이 복이 저 복보다 더욱 많으리라."

14. 관념을 떠난 열반

그때 수보리가 이 경 설하심을 듣고 뜻을 깊이 이해하여 감격의 눈물을 흘리며 부처님께 말씀드렸습니다.

"경이롭습니다, 세존이시여! 제가 지금까지

얻은 혜안으로는 부처님께서 이같이 깊이 있는 경전 설하심을 들은 적이 없습니다. 세존이시여! 만일 어떤 사람이 이 경을 듣고 믿음이 청정해지면 바로 궁극적 지혜가 일어날 것이니, 이 사람은 가장 경이로운 공덕을 성취할 것임을 알아야 합니다.

세존이시여! 이 궁극적 지혜라는 것은 궁극적 지혜가 아닌 까닭에 여래께서는 궁극적 지혜라고 말씀하셨습니다. 세존이시여! 제가 지금 이 같은 경전을 듣고서 믿고 이해하고 받고 지니기는 어렵지 않습니다. 그러나 미래 오백년 뒤에도 어떤 중생이 이 경전을 듣고 믿고 이해하고 받고 지닌다면 이 사람은 가장 경이로울 것입니다.

왜냐하면 이 사람은 자아가 있다는 관념, 개아가 있다는 관념, 중생이 있다는 관념, 영혼이 있다는 관념이 없기 때문입니다. 그것

은 자아가 있다는 관념은 관념이 아니며, 개
아가 있다는 관념, 중생이 있다는 관념, 영
혼이 있다는 관념은 관념이 아닌 까닭입니
다. 왜냐하면 모든 관념을 떠난 이를 부처님
이라 말하기 때문입니다."
부처님께서 수보리에게 말씀하셨습니다.
"그렇다, 그렇다. 만일 어떤 사람이 이 경을
듣고 놀라지도 않고 무서워하지도 않고 두
려워하지도 않는다면 이 사람은 매우 경이
로운 줄 알아야 한다. 왜냐하면 수보리여!
여래는 최고의 바라밀을 최고의 바라밀이
아니라고 설하였으므로 최고의 바라밀이라
말하기 때문이다.
수보리여! 인욕바라밀을 여래는 인욕바라밀
이 아니라고 설하였다. 왜냐하면 수보리여!
내가 옛적에 가리왕에게 온 몸을 마디마디
잘렸을 때, 나는 자아가 있다는 관념, 개아

가 있다는 관념, 중생이 있다는 관념, 영혼이 있다는 관념이 없었기 때문이다.

왜냐하면 내가 옛날 마디마디 사지가 잘렸을 때, 자아가 있다는 관념, 개아가 있다는 관념, 중생이 있다는 관념, 영혼이 있다는 관념이 있었다면 성내고 원망하는 마음이 생겼을 것이기 때문이다.

수보리여! 여래는 과거 오백 생 동안 인욕수행자였는데 그때 자아가 있다는 관념이 없었고, 개아가 있다는 관념이 없었고, 중생이 있다는 관념이 없었고, 영혼이 있다는 관념이 없었다.

그러므로 수보리여! 보살은 모든 관념을 떠나 가장 높고 바른 깨달음의 마음을 내어야 한다.

형색에 집착 없이 마음을 내어야 하며 소리, 냄새, 맛, 감촉, 마음의 대상에도 집착 없이

마음을 내어야 한다. 마땅히 집착 없이 마음
을 내어야 한다. 마음에 집착이 있다면 그것
은 올바른 삶이 아니다. 그러므로 보살은 형
색에 집착 없는 마음으로 보시해야 한다고
여래는 설하였다.

수보리여! 보살은 모든 중생을 이롭게 하기
위해 이와 같이 보시해야 한다. 여래는 모든
중생이란 관념은 중생이란 관념이 아니라고
설하고, 또 모든 중생도 중생이 아니라고 설
한다.

수보리여! 여래는 바른 말을 하는 이고, 참
된 말을 하는 이며, 이치에 맞는 말을 하는
이고, 속임 없이 말하는 이며, 사실대로 말
하는 이다. 수보리여! 여래가 얻은 법에는
진실도 없고 거짓도 없다.

수보리여! 보살이 대상에 집착하는 마음으
로 보시하는 것은 마치 사람이 어둠 속에 들

어가면 아무것도 볼 수 없는 것과 같고 보살이 대상에 집착하지 않는 마음으로 보시하는 것은 마치 눈 있는 사람에게 햇빛이 밝게 비치면 갖가지 모양을 볼 수 있는 것과 같다.

수보리여! 미래에 선남자 선여인이 이 경전을 받고 지니고 읽고 외운다면 여래는 부처의 지혜로 이 사람들이 모두 한량없는 공덕을 성취하게 될 것임을 다 알고 다 본다.”

15. 경을 수지하는 공덕

“수보리여! 선남자 선여인이 아침나절에 항하의 모래 수만큼 몸을 보시하고 점심나절에 항하의 모래 수만큼 몸을 보시하며 저녁나절에 항하의 모래 수만큼 몸을 보시하여, 이와 같이 한량없는 시간동안 몸을 보시한다고 하자.

또 어떤 사람이 이 경의 말씀을 듣고 비방하

지 않고 믿는다고 하자. 그러면 이 복은 저
복보다 더 뛰어나다. 하물며 이 경전을 베껴
쓰고 받고 지니고 읽고 외우고 다른 이를 위
해 설명해 줌이랴!

수보리여! 간단하게 말하면 이 경에는 생각할
수도 없고 헤아릴 수도 없는 한없는 공덕이
있다. 여래는 대승에 나아가는 이를 위해 설
하며 최상승에 나아가는 이를 위해 설한다.
어떤 사람이 이 경을 받고 지니고 읽고 외워
널리 다른 사람을 위해 설해 준다면 여래는
이 사람들이 헤아릴 수 없고 말할 수 없으며
한없고 생각할 수 없는 공덕을 성취할 것임
을 다 알고 다 본다. 이와 같은 사람들은 여
래의 가장 높고 바른 깨달음을 감당하게 될
것이다.

왜냐하면 수보리여! 소승법을 좋아하는 자
가 자아가 있다는 견해, 개아가 있다는 견

해, 중생이 있다는 견해, 영혼이 있다는 견
해에 집착한다면 이 경을 듣고 받고 읽고 외
우며 다른 사람을 위해 설명해 주지 못하기
때문이다.

수보리여! 이 경전이 있는 곳은 어디든지 모
든 세상의 천신·인간·아수라들에게 공양을
받을 것이다. 이곳은 바로 탑이 되리니 모두
가 공경하고 예배하고 돌면서 그곳에 여러
가지 꽃과 향을 뿌릴 것임을 알아야 한다."

16. 업장을 맑히는 공덕

"또한 수보리여! 이 경을 받고 지니고 읽고
외우는 선남자 선여인이 남에게 천대와 멸
시를 당한다면 이 사람이 전생에 지은 죄업
으로는 악도에 떨어져야 마땅하겠지만, 금
생에 다른 사람의 천대와 멸시를 받았기 때
문에 전생의 죄업이 소멸되고 반드시 가장

높고 바른 깨달음을 얻게 될 것이다.

수보리여! 나는 연등부처님을 만나기 전 과거 한량없는 아승기겁 동안 팔백 사천 만억 나유타의 여러 부처님을 만나 모두 공양하고 받들어 섬기며 그냥 지나친 적이 없었음을 기억한다.

만일 어떤 사람이 정법이 쇠퇴할 때 이 경을 잘 받고 지니고 읽고 외워서 얻은 공덕에 비하면, 내가 여러 부처님께 공양한 공덕은 백에 하나에도 미치지 못하고 천에 하나 만에 하나 억에 하나에도 미치지 못하며 더 나아가서 어떤 셈이나 비유로도 미치지 못한다.

수보리여! 선남자 선여인이 정법이 쇠퇴할 때 이 경을 받고 지니고 읽고 외워서 얻는 공덕을 내가 자세히 말한다면, 아마도 이 말을 듣는 이는 마음이 어지러워서 의심하고 믿지 않을 것이다. 수보리여! 이 경은 뜻이

불가사의하며 그 과보도 불가사의함을 알아
야 한다."

17. 궁극의 가르침, 무아
그때 수보리가 부처님께 여쭈었습니다.
"세존이시여! 가장 높고 바른 깨달음을 얻
고자 하는 선남자 선여인은 어떻게 살아야
하며 어떻게 그 마음을 다스려야 합니까?"
부처님께서 수보리에게 말씀하셨습니다.
"가장 높고 바른 깨달음을 얻고자 하는 선남
자 선여인은 이러한 마음을 일으켜야 한다.
'나는 일체 중생을 열반에 들게 하리라. 일
체 중생을 열반에 들게 하였지만 실제로는
아무도 열반을 얻은 중생이 없다.'
왜냐하면 수보리여! 보살에게 자아가 있다
는 관념, 개아가 있다는 관념, 중생이 있다
는 관념, 영혼이 있다는 관념이 있다면 보살

이 아니기 때문이다. 그것은 수보리여! 가장 높고 바른 깨달음에 나아가는 자라 할 법이 실제로 없는 까닭이다.

수보리여! 그대 생각은 어떠한가? 여래가 연등부처님 처소에서 얻은 가장 높고 바른 깨달음이라 할 법이 있었는가?"

"아닙니다, 세존이시여! 제가 부처님께서 말씀하신 뜻을 이해하기로는 부처님께서 연등부처님 처소에서 얻으신 가장 높고 바른 깨달음이라 할 법이 없습니다."

부처님께서 말씀하셨습니다.

"그렇다, 그렇다. 수보리여! 여래가 가장 높고 바른 깨달음을 얻은 법이 실제로 없다. 수보리여! 여래가 가장 높고 바른 깨달음을 얻은 법이 있었다면 연등부처님께서 내게 '그대는 내세에 석가모니라는 이름의 부처가 될 것이다.'라고 수기하지 않았을 것이다. 가장 높고 바른 깨달음을 얻은 법이 실제로 없었으므로 연등부처님께서 내게 '그대는 내세에는 반드시 석가모니라는 이름의 부처가 될 것이다.'라고 수기하셨던 것이다. 왜냐하면 여래는 모든 존재의 진실한 모습을 의미하기 때문이다.

어떤 사람이 여래가 가장 높고 바른 깨달음을 얻었다고 말한다면, 수보리여! 여래가 가장 높고 바른 깨달음을 얻은 법이 실제로없다. 수보리여! 여래가 얻은 가장 높고 바른 깨달음에는 진실도 없고 거짓도 없다. 그러므로 여래는 '일체법이 모두 불법이다.'라고 설한다.

수보리여! 일체법이라 말한 것은 일체법이 아닌 까닭에 일체법이라 말한다. 수보리여! 예컨대 사람의 몸이 매우 큰 것과 같다."

수보리가 말하였습니다.

"세존이시여! 여래께서 사람의 몸이 매우 크다는 것은 큰 몸이 아니라고 설하셨으므로 큰 몸이라 말씀하셨습니다."

"수보리여! 보살도 역시 그러하다. '나는 반드시 한량없는 중생을 제도하리라.' 말한다면 보살이라 할 수 없다. 왜냐하면 수보리여! 보살이라 할 만한 법이 실제로 없기 때문이다. 그러므로 여래는 모든 법에 자아도 없고, 개아도 없고, 중생도 없고, 영혼도 없다고 설한 것이다.

수보리여! 보살이 '나는 반드시 불국토를 장엄하리라.' 말한다면 이는 보살이라 할 수 없다. 왜냐하면 여래는 불국토를 장엄한다는 것은 장엄하는 것이 아니라고 설하였으므로 장엄한다고 말하기 때문이다.

수보리여! 보살이 무아의 법에 통달한다면 여래는 이런 이를 진정한 보살이라 부른다."

18. 분별없이 관찰함

"수보리여! 그대 생각은 어떠한가? 여래에게 육안이 있는가?"

"그렇습니다, 세존이시여! 여래에게는 육안이 있습니다."

"수보리여! 그대 생각은 어떠한가? 여래에게 천안이 있는가?"

"그렇습니다, 세존이시여! 여래에게는 천안이 있습니다."

"수보리여! 그대 생각은 어떠한가? 여래에게 혜안이 있는가?"

"그렇습니다, 세존이시여! 여래에게는 혜안이 있습니다."

"수보리여! 그대 생각은 어떠한가? 여래에게 법안이 있는가?"

"그렇습니다, 세존이시여! 여래에게는 법안이 있습니다."

"수보리여! 그대 생각은 어떠한가? 여래에게
불안이 있는가?"

"그렇습니다, 세존이시여! 여래에게는 불안이
있습니다."

"수보리여! 그대 생각은 어떠한가? 여래는
항하의 모래에 대해서 설하였는가?"

"그렇습니다, 세존이시여! 여래는 이 모래에
대해 설하셨습니다."

"수보리여! 그대 생각은 어떠한가? 한 항하의
모래와 같이 이런 모래만큼의 항하가 있고 이
여러 항하의 모래 수만큼 부처님 세계가 그
만큼 있다면 진정 많다고 하겠는가?"

"매우 많습니다, 세존이시여!"

부처님께서 수보리에게 말씀하셨습니다.

"그 국토에 있는 중생의 여러 가지 마음을
여래는 다 안다. 왜냐하면 여래는 여러 가지
마음이 모두 다 마음이 아니라 설하였으므

로 마음이라 말하기 때문이다. 그것은 수보
리여! 과거의 마음도 얻을 수 없고 현재의
마음도 얻을 수 없고 미래의 마음도 얻을 수
없는 까닭이다."

19. 복덕 아닌 복덕

"수보리여! 그대 생각은 어떠한가? 어떤 사
람이 삼천대천세계에 칠보를 가득 채워 보
시한다면 이 사람이 이러한 인연으로 많은
복덕을 얻겠는가?"

"그렇습니다, 세존이시여! 그 사람이 이러한
인연으로 매우 많은 복덕을 얻을 것입니다."

"수보리여! 복덕이 실로 있는 것이라면 여
래는 많은 복덕을 얻는다고 말하지 않았을
것이다. 복덕이 없기 때문에 여래는 많은 복
덕을 얻는다고 말한 것이다."

20. 모습과 특성의 초월

"수보리여! 그대 생각은 어떠한가? 신체적 특징을 원만하게 갖추었다고 여래라고 볼 수 있겠는가?"

"아닙니다, 세존이시여! 신체적 특징을 원만하게 갖추었다고 여래라고 볼 수는 없습니다. 왜냐하면 여래께서는 원만한 신체를 갖춘다는 것은 원만한 신체를 갖춘 것이 아니라고 설하셨으므로 원만한 신체를 갖춘 것이라고 말씀하셨기 때문입니다."

"수보리여! 그대 생각은 어떠한가? 신체적 특징을 갖추었다고 여래라고 볼 수 있겠는가?"

"아닙니다, 세존이시여! 신체적 특징을 갖추었다고 여래라고 볼 수는 없습니다. 왜냐하면 여래께서는 신체적 특징을 갖춘다는 것이 신체적 특징을 갖춘 것이 아니라고 설

하셨으므로 신체적 특징을 갖춘 것이라고
말씀하셨기 때문입니다."

21. 설법 아닌 설법
"수보리여! 그대는 여래가 '나는 설한 법이
있다.'는 생각을 한다고 말하지 말라. 이런
생각을 하지 말라. 왜냐하면 '여래께서 설하
신 법이 있다.'고 말한다면, 이 사람은 여래
를 비방하는 것이니, 내가 설한 것을 이해하
지 못했기 때문이다. 수보리여! 설법이라는
것은 설할 만한 법이 없는 것이므로 설법이
라고 말한다."
그때 수보리 장로가 부처님께 여쭈었습니다.
"세존이시여! 미래에 이 법 설하심을 듣고
신심을 낼 중생이 조금이라도 있겠습니까?"
부처님께서 말씀하셨습니다.
"수보리여! 저들은 중생이 아니요 중생이 아

닌 것도 아니다. 왜냐하면 수보리여! 중생

중생이라 하는 것은 여래가 중생이 아니라고

설하였으므로 중생이라 말하기 때문이다."

22. 얻을 것이 없는 법

수보리가 부처님께 여쭈었습니다.

"세존이시여! 부처님께서 가장 높고 바른

깨달음을 얻은 것은 법이 없는 것입니까?"

부처님께서 말씀하셨습니다.

"그렇다, 그렇다. 수보리여! 내가 가장 높고

바른 깨달음에서 조그마한 법조차도 얻을

만한 것이 없었으므로 가장 높고 바른 깨달

음이라 말한다."

23. 관념을 떠난 선행

"또한 수보리여! 이 법은 평등하여 높고 낮

은 것이 없으니, 이것을 가장 높고 바른 깨

달음이라 말한다. 자아도 없고, 개아도 없고, 중생도 없고, 영혼도 없이 온갖 선법을 닦음으로써 가장 높고 바른 깨달음을 얻게 된다. 수보리여! 선법이라는 것은 선법이 아니라고 여래는 설하였으므로 선법이라 말한다."

24. 경전 수지가 최고의 복덕

"수보리여! 삼천대천세계에 있는 산들의 왕 수미산만큼의 칠보 무더기를 가지고 보시하는 사람이 있다고 하자. 또 이 반야바라밀경의 사구게만이라도 받고 지니고 읽고 외워 다른 사람을 위해 설해 주는 사람이 있다고 하자. 그러면 앞의 복덕은 뒤의 복덕에 비해 백에 하나에도 미치지 못하고 천에 하나 만에 하나 억에 하나에도 미치지 못하며 더 나아가서 어떤 셈이나 비유로도 미치지 못한다."

25. 분별없는 교화

"수보리여! 그대 생각은 어떠한가? 그대들은 여래가 '나는 중생을 제도하리라.'는 생각을 한다고 말하지 말라. 수보리여! 이런 생각을 하지 말라. 왜냐하면 여래가 제도한 중생이 실제로 없기 때문이다. 만일 여래가 제도한 중생이 있다면, 여래에게도 자아·개아·중생·영혼이 있다는 집착이 있는 것이다.

수보리여! 자아가 있다는 집착은 자아가 있다는 집착이 아니라고 여래는 설하였다. 그렇지만 범부들이 자아가 있다고 집착한다. 수보리여! 범부라는 것도 여래는 범부가 아니라고 설하였다."

26. 신체적 특징을 떠난 여래

"수보리여! 그대 생각은 어떠한가? 서른두 가

지 신체적 특징으로 여래라고 볼 수 있는가?"

수보리가 대답하였습니다.

"그렇습니다, 그렇습니다. 서른두 가지 신체적 특징으로도 여래라고 볼 수 있습니다."

부처님께서 말씀하셨습니다.

"수보리여! 서른두 가지 신체적 특징으로도 여래라고 볼 수 있다면 전륜성왕도 여래겠구나!"

수보리가 부처님께 말씀드렸습니다.

"세존이시여! 제가 부처님께서 말씀하신 뜻을 이해하기로는, 서른두 가지 신체적 특징을 가지고는 여래를 볼 수 없습니다."

그때 세존께서 게송으로 말씀하셨습니다.

형색으로 나를 보거나

음성으로 나를 찾으면

삿된 길 걸을 뿐

여래 볼 수 없으리.

27. 단절과 소멸의 초월

"수보리여! 그대가 '여래는 신체적 특징을 원만하게 갖추지 않았기 때문에 가장 높고 바른 깨달음을 얻은 것이다.'라고 생각한다면, 수보리여! '여래는 신체적 특징을 원만하게 갖추지 않았기 때문에 가장 높고 바른 깨달음을 얻은 것이다.'라고 생각하지 말라. 수보리여! 그대가 '가장 높고 바른 깨달음의 마음을 낸 자는 모든 법이 단절되고 소멸되어 버림을 주장한다.'고 생각한다면, 이런 생각을 하지 말라. 왜냐하면 가장 높고 바른 깨달음의 마음을 낸 자는 법에 대하여 단절되고 소멸된다는 관념을 말하지 않기 때문이다."

28. 탐착 없는 복덕

"수보리여! 보살이 항하의 모래 수만큼 세

계에 칠보를 가득 채워 보시한다고 하자. 또 어떤 사람이 모든 법이 무아임을 알아 인욕을 성취한다고 하자. 그러면 이 보살의 공덕은 앞의 보살이 얻은 공덕보다 더 뛰어나다. 수보리여! 모든 보살들은 복덕을 누리지 않기 때문이다.”

수보리가 부처님께 여쭈었습니다.

“세존이시여! 어찌하여 보살이 복덕을 누리지 않습니까?”

“수보리여! 보살은 지은 복덕에 탐욕을 내거나 집착하지 않아야 하기 때문에 복덕을 누리지 않는다고 설한 것이다.”

29. 오고 감이 없는 여래

“수보리여! 어떤 사람이 ‘여래는 오기도 하고 가기도 하며 앉기도 하고 눕기도 한다.’고 말한다면, 그 사람은 내가 설한 뜻을 이

해하지 못한 것이다. 왜냐하면 여래란 오는 것도 없고 가는 것도 없으므로 여래라고 말하기 때문이다."

30. 부분과 전체의 참모습

"수보리여! 선남자 선여인이 삼천대천세계를 부수어 가는 티끌을 만든다면, 그대 생각은 어떠한가? 이 티끌들이 진정 많겠는가?"

"매우 많습니다, 세존이시여! 왜냐하면 티끌들이 실제로 있는 것이라면 여래께서는 티끌들이라고 말씀하지 않으셨을 것이기 때문입니다. 그것은 여래께서 티끌들은 티끌들이 아니라고 설하셨으므로 티끌들이라고 말씀하신 까닭입니다.

세존이시여! 여래께서 말씀하신 삼천대천세계는 세계가 아니므로 세계라 말씀하십니다. 왜냐하면 세계가 실제로 있는 것이라면

한 덩어리로 뭉쳐진 것이겠지만, 여래께서 한 덩어리로 뭉쳐진 것은 한 덩어리로 뭉쳐진 것이 아니라고 설하셨으므로 한 덩어리로 뭉쳐진 것이라 말씀하셨기 때문입니다."

"수보리여! 한 덩어리로 뭉쳐진 것은 말할 수가 없는 것인데 범부들이 그것을 탐내고 집착할 따름이다."

31. 내지 않아야 할 관념

"수보리여! 어떤 사람이 여래가 '자아가 있다는 견해, 개아가 있다는 견해, 중생이 있다는 견해, 영혼이 있다는 견해를 설했다.'고 말한다면, 수보리여! 그대 생각은 어떠한가? 이 사람이 내가 설한 뜻을 알았다 하겠는가?"

"아닙니다, 세존이시여! 그 사람은 여래께서 설한 뜻을 알지 못한 것입니다. 왜냐하면 세존께서는 자아가 있다는 견해, 개아가 있

다는 견해, 중생이 있다는 견해, 영혼이 있

다는 견해가 자아가 있다는 견해, 개아가 있

다는 견해, 중생이 있다는 견해, 영혼이 있

다는 견해가 아니라고 설하셨으므로 자아가

있다는 견해, 개아가 있다는 견해, 중생이

있다는 견해, 영혼이 있다는 견해라고 말씀

하셨기 때문입니다."

"수보리여! 가장 높고 바른 깨달음을 얻고

자 하는 이는 일체법에 대하여 이와 같이 알

고, 이와 같이 보며, 이와 같이 믿고 이해하

여 법이라는 관념을 내지 않아야 한다. 수보

리여! 법이라는 관념은 법이라는 관념이 아

니라고 여래는 설하였으므로 법이라는 관념

이라 말한다."

32. 관념을 떠난 교화

"수보리여! 어떤 사람이 한량없는 아승기 세

계에 칠보를 가득 채워 보시한다고 하자. 또
보살의 마음을 낸 어떤 선남자 선여인이 이
경을 지니되 사구게만이라도 받고 지니고 읽
고 외워 다른 사람을 위해 연설해 준다고 하
자. 그러면 이 복이 저 복보다 더 뛰어나다.
어떻게 남을 위해 설명해 줄 것인가? 설명
해 준다는 관념에 집착하지 말고 흔들림 없
이 설명해야 한다. 왜냐하면,

일체 모든 유위법은

꿈·허깨비·물거품·그림자

이슬·번개 같으니

이렇게 관찰할지라."

부처님께서 이 경을 다 설하시고 나니, 수보
리 장로와 비구·비구니·우바새·우바이와
모든 세상의 천신·인간·아수라들이 부처
님의 말씀을 듣고 매우 기뻐하며 믿고 받들
어 행하였습니다.

사 경 본
우리말 금강경

2015(불기2559)년 5월 7일 초판 1쇄 발행
2024(불기2568)년 7월 15일 초판 8쇄 발행

편 집 · 편 집 실
발행인 · 김 동 금
만든곳 · 우리출판사

서울특별시 서대문구 경기대로9길 62
☎ (02) 313-5047, 313-5056
Fax. (02) 393-9696
wooribooks@hanmail.net
www.wooribooks.com
등록 : 제9-139호

ISBN 978-89-7561-326-5 13220

정가 6,000원